相信閱讀

Believing in Reading

男人來自火星，女人來自金星：365日愛的叮嚀

Men Are from Mars, Women Are from Venus Book of Days

365 Inspirations to Enrich Your Relationships

by John Gray, Ph.D.

約翰・葛瑞　著
柯清心　譯

作者序

打造圓融的兩性關係

今天兩性關係最大的問題，也許是出在對彼此的誤解——誤以為異性跟自己一樣，如果對方深愛我們，便應該持有特定的想法、感覺和行為；如果對方感到苦惱，我們的解決辦法也會最有幫助。然而，事實並非如此。所以，若能深入了解兩性的差異，我們便可避開不必要的困擾和失望。

《男女大不同》（*Men Are from Mars, Women Are from Venus*）一書可以幫助我們放棄成見，接納彼此，慢慢深入了解異性，而不必一味要求對方改變。人本來就各具天性，牢記這點不僅能使我們安心自在，更能與伴侶建立良好的愛的互動。

本書包括了三百六十五則啟示，日日提醒你注意兩性的差別。每天讀一小段，適足以指點迷津，讓你看清男女的歧異，促使彼此合作，不再對兩性關係感到無力困頓。

透過兩性彼此的支持，讓愛每天成長。

雖然男女大不同的理論有其依循的脈絡，卻不易牢記與體現，因爲它們畢竟是很新的觀念，以致我們往往在最需要時，忘得一乾二淨。不過，只要有一點點的提醒，就能喚起我們對異性的信賴、接納、了解和感激，以更有效的方式去付出並接收愛。

雖說在學習新事物的過程裡，挫折在所難免，但是若透過練習和應用，新的知識終將變成一種本能。

我們必須一再溫習兩性的差異，才能掌握兩性關係的原則。

一般說來，人在學習某種全新的事物時，一定是學過又忘、而且重複多次，最後才能成爲本能。因此，我在本書裡會提醒讀者三百六十五次，你每天閱讀一篇，就等於給了自己一年的機會，去掌握兩性關係的新技巧。

本書將爲你點出最重要的兩性關係概念，其中許多內容摘自我先前的作品，只是略加修飾訂正。我相信本書對原有的讀者能產生立即的幫助，更能幫助新讀者對兩性的歧異有概括的認識。等你漸漸熟知兩性差異後，在面對無可避免的兩性關係和挑戰時，便不致手足無措，而能以更關切、更肯定的態度去處理問題。

征服愛的挑戰，使愛更為堅定。

請聽我說，你心底深處其實渴望愛與被愛。若能善加閱讀本書，最後歡呼收割的必然是你，而且再怎麼細水流長的愛，還是需要你的經營，所以，就讓這本書協助你創造夢想中的兩性關係吧！

謝謝你容許我參與你的生活，為世界創造更多的愛。願你心中的愛生生不息。

——約翰・葛瑞，一九九八年八月

Men Are from Mars, Women Are from Venus Book of Days

男人來自火星，女人來自金星：

365日愛的叮嚀

目錄

一月

決心、超越、渴望

一月是萬象之始，是籌措一年，捲土重來的時機。過去一年已往，我們可以用嶄新的面貌重新來過，檢視生活全貌，矢志達成愛人與被愛的渴望。

一月在歡慶的氛圍中開展，使我們相信：「今年是我大展抱負的一年，我將找到逾恆的真愛。」或「今年，我們要齊心讓彼此的關係更堅實親近。」

我們對新的一年懷抱希望與衝勁，決心好好探究自己的情感，聆聽愛侶的心聲，尋覓讓彼此心意相繫的知識，並努力創造更深厚、堅實的情感。

然而，我們知道自己今年也將面臨各種挑戰，當問題降臨時，我們應牢牢記住，兩性關係就像一座花園，需要日日澆溉。想擁有一座繁花盛開的園圃，就必須悉心照料每株草卉。

兩性關係好比花園，需要日日澆溉。

同樣地，在兩性關係裡，我們也得記住，伴侶的需求往往與我們的需要不同。若能牢記男女大不同的觀念，便能提醒你時時注意彼此的重大差異。唯有深入了解男女之間的差別，才能創造和諧的兩性關係，同時認識自己對愛與幸福的渴望。

每個人都能創造理想的兩性關係。如果你相信愛是存在的，便能找到展現愛的力量。有了寬廣的胸懷，你一定能放手追尋愛人與被愛的最高目標。

一月一日

熟知愛的季節

兩性關係猶如花園，若想種得滿庭芳，就必須勤於澆水，依四時天候之需，給與特別的照料，播新種、除雜草，樣樣缺一不可。同樣地，若想讓愛的馨香散溢不斷，就得明瞭愛的季節與天候，照應其特別的需求。

我們必須熟知不同的愛的季節，才能獲致成功的兩性關係。有時愛情來得順暢自然，有時則需努力費心；有時我們的心靈滿盈，有時覺得空虛無著。我們不該期許伴侶完美無缺，分分秒秒愛著我們；我們也必須給自己空間，包容自己的疏忽。愛的學習不僅需要聆聽和運用，同時也包含了遺忘與記起的過程。

下次你不知道如何與異性相處的時候，請記住男女大不同的鐵則，就能慢慢卸下批判和怨懟的心，堅持去追求理想中的愛，相信最後必能創造出你所要的愛情關係。

一月二日

切勿過於依賴

當需求無法得到滿足時，我們往往會轉而批評、挑剔自己的伴侶，甚而陷溺在抗拒和憤怒的情緒中。

事實上，埋怨伴侶是一種退縮、依賴對方的徵兆，如果我們能暫時從朋友、家人和自己身上得到安慰，就比較不會那麼挑剔了。此外，批判的態度會將伴侶自身邊推開，因此，唯有掌握自處之道，才能創造一份綿長的關係。我們若過於依賴對方，即使是自己的靈魂伴侶，也會時起衝突。

一月三日

尋求感情支持

現代女性不再全部仰仗男人的「豢養」與保護，她們希望男人也能滿足她們情感上的需要；現代男性對女人的期許也不再局限於主婦和母親兩個角色，他們更希望女人能豐潤他們的感情生活，而不是把他們當成孩子般寵愛。

我倒不是說上一代的人不需要感情支持，只是它不是上一代對婚姻的主要期許。對上一代的人來說，如果老爸能好好工作，供養家計，老媽就會心滿意足；如果老媽肯把家裡和孩子管教好，不去煩老爸，老爸也就沒什麼好抱怨的了。

然而，上一代人的需求並不能滿足我們這一世代。我們不再樂於像他們那樣去犧牲、委屈自己，而是希望從唯一的伴侶身上，得到恆久、熱情而幸福的親密關係。若是得不到，許多人寧可犧牲婚姻，置個人的滿足於家庭的完整之上。

比上一代要求得更多，其實也沒什麼不對，更不是自我縱容的表示，因爲時代不同，我們的價値觀也不同於長一輩。

如果希望獲得令人滿足的感情生活，離婚或自我犧牲其實都不是解決的辦法，而是應該去學習創造一份能滿足個人需求的兩性關係和婚姻。

現代人並不是缺乏愛，而是希望能付出並接收更多的愛。

除非學會讓愛持久的新技巧，否則兩性關係只會讓人失望，離婚率也將居高不下。

一月四日

讓愛活起來

兩個人的關係走久了，往往會把對方視爲理所當然。男方不再精心安排約會，給女方驚喜，女方也不再感激男方爲她所做的點點滴滴。蜜月一結束，我們很容易就認定，對方一定知道我們愛他、支持他，而不再那麼殷勤地設法表達關懷與感激。

然而，聰明的女人會在男人試圖討她歡心時，表現心中的愉悅。她不會計較他的錯誤，而會努力去感謝他的好。同樣地，一個睿智的男人也會用種種小動作來彰顯她的魅力，體貼她的需要和希望，並不時安排約會和浪漫的獨處時光，滿足她被寵愛的需求。

一月五日

培養兩性關係

如果想創造互賴互惠的兩性關係，有以下四大要訣：

1. 有目標的溝通——了解彼此。

2. 深層的了解——認識、欣賞，並尊重彼此的歧異。

3. 拋開批判——放棄對自己和對方的負面批評。

4. 接納責任——雙方都得對這場關係負責，並學習寬恕對方。

這四個要訣能釋出你的潛能，創造一份愛的關係，實現你的願望和夢想。它們將協助你了解過去的兩性問題，並提供堅實的基礎，讓你在未來建立一份長久穩定的感情。

一月六日

請聽我說

女人只想要男伴傾聽她吐苦水時，男人往往忙著提供解決辦法。此時如果女性有了良好的兩性關係技巧，就可以堅持自己的立場，從他身上獲得到所需的支持。只要懂得打斷他，請他靜心聆聽，女人就可以繼續傾吐，不必停下來聽他大發議論。

女人愈早表明自己不需要解決辦法，就愈能讓男人停下議論，好好聆聽。

例如，假若男方聽著聽著，便開始發表意見了，此時女方不妨打斷他的議論，並告訴他：「謝謝你的建議，我只是想找人傾訴而已，你真的不必多說什麼。」等她說完後，也要感謝對方撥冗聆聽。例如她可以說：「我現在覺得好過多了，謝謝你聽我吐苦水。」

或者，萬一話不投機，對方還是不肯閉上尊口，女方不妨表示：「我知道有些事實在說不清楚，不過我真的很謝謝你花時間來了解我的看法，這對我蠻有幫助的。」

一月七日

女人的情欲

女人愈是專心照顧別人，就愈不會把心思放在自己身上，再加上柴米油鹽等瑣事，蒙蔽了她深層的感官欲求，使她在重重壓力之下，難以放鬆享受單純的官能之樂。

性愛能滿足男人的欲求，紓解女人長期的積壓。

女人遇到疼她、呵護她的男人，才能再度縱情體驗自己。當女人暫時卸下照顧別人的責任時，便能感到性欲的萌生，此時男人溫柔浪漫的挑逗，自然能勾動她的欲火。

女人在柔情萬種的撫觸下，將會開始嘗到欲念的滋味。有時除非遇到了，否則很多女人連自己有這方面的需要都不曉得。男人若能溫婉地滿足她的需要，將會有助於女人探掘自己的需求，讓她懂得開口去要。

一月八日

猶豫等於拒絕？

女伴若對要不要上床這件事態度遲疑，男人請先別放棄，而是應該反問她：「妳有沒有一點想跟我做愛的念頭？」

通常她的回答會是肯定的，也許速度快得令他訝異：「我當然一直有這個念頭。」這話在男人聽來，簡直如悅耳銀鈴。

也許接下來她還會談到自己爲什麼不想做愛：「我不知道時間夠不夠耶，我還得洗衣服、辦點雜事。」或者她會說：「我不是特別想啦，我現在滿腦子還想著一大堆別的事，或許我應該去把某某事先做完再說。」

女人的猶疑並不代表拒絕。

此時男人可以一邊聽、一邊提醒自己，女伴並沒有拒絕他，她只是需要談一談，把事情整理清楚而已。

男人若是不了解女人，聽到她百般推諉後，可能就欲火全消了。其實只要能從她嘴裡聽到一點可能性，就會比較容易聽進她那些亂七八糟的藉口。即使最後她沒有那麼想要，還是可能會對男伴說：「如果你眞的想要，我們可以先匆匆做一場，以後有時間再慢慢廝磨。」

一月九日

愛的真諦

人一旦對伴侶有怨，就很難去接納、了解，並原諒對方的缺失。在困厄中，我們唯有透過愛的學習，才能一起成長，否則愛一個完美的人，每個人都做得到。

指責對方時，請先反躬自省。

當我們埋怨對方時，也必須反躬自省，傾聽自己的感受。除非自己能從愛與寬恕的觀點出發，否則就不能期望對方必須了解我們。

縱然知道對方有缺點與極限，卻依然能無悔地關懷對方，這才是愛的眞諦。我們常常嘴巴上說，希望別人能愛上眞實的我們，可是，我們眞的能夠接納對方的原貌嗎？學習眞愛其實是一道漸進的過程，需要用耐心和寬容的態度，去學習溝通。

一月十日

男人的責任

男人常以爲一結了婚，就不必再費心經營兩人的關係。但事實上他得了解，兩性關係也是工作的一部分，而且在經營的過程中，勢必會遇到波折。

若欲維持良好的兩性關係，就得在工作與休閒中取得平衡。

所以，如果男人想擁有良好的兩性關係，就必須修正自己的期許，不僅不該太過專注於別的事項，也應該儘量學著尊重、關懷伴侶的感覺與需要，同時保持自己的男性特質，這些都是男人的主要責任。若能學著慢慢聆聽她的感受，男人會更樂於支持女伴，同時覺知到自己對感情的需求。男人的用心，可以讓女人更從容。

一月十一日

潮汐般的激情

男女之間的激情如潮水般起落無息，這是非常自然的現象，不必過於驚慌。正如同愛情的熱度有時候會冷卻，你對伴侶的性欲也不會永遠保持高亢。

當你對伴侶的情欲轉淡時，就像是陽光不再的陰雨天。然而，陰天裡的太陽並沒有消失，只是一時被烏雲掩去罷了，在這段烏雲遮日的期間裡，也是誘惑最容易上門的時候。兩性間的吸引力一旦下降，我們往往會在不經意間寄情於他人。

發生這種狀況時，與其困坐愁城，不如主動出擊。健康的性生活必須以滿足自己的欲念爲基礎，若過於依賴伴侶，最後反而會窒息彼此的性欲。有時爲了增強「欲火」，適時的自力救濟更甚於仰賴對方。

一月十二日

當男人心情不好

女人情緒苦悶時，擅長以談話直接抒發心情；但男人心煩時，則需要獨自安靜整理思緒，之後才能開口談論。

一般說來，男人之所以想進行溝通，主要是因爲溝通有助於問題的解決。例如：假設有人不愼冒犯或傷害他，他會說出來，好讓對方知錯或改善問題。

但是，男人常常會以自己的心態去面對女人的訴苦，誤以爲她的抱怨就是在指責他的不是，或是在要求他做改變。事實上，女伴在分享內心世界時，不論口氣有多憤怒，言詞有多犀利，她其實只是希望男伴了解她的心情而已。

男人在氣頭上時，勉強討論反而容易引發爭執。

如果雙方能了解兩性處事的差異，女方就會在男方生氣時，給他保留一些空間，讓他自己去看電視或看場電影都行，而不是一味去勉強他說話。即使他當時表示願意溝通，女方也不該苦苦追問，而是應該等待日後，再平心靜氣跟他談談。

一月十三日

一見鍾情

有時男人的某些特質會讓女人相信：「他就是我的夢中情人，我的理想伴侶。」這種想法像咒語似的，使她對男方言聽計從，滿懷愛意地全盤接納，這種熱情自然能讓女人展現出最柔媚的一面，散放出無限的魅力，甚至使她不惜主動採取追求攻勢，結果卻反而使他興趣缺缺，也削弱了他對她的好感。

聰明的女人知道如何積極爭取，但不倒貼。

其實女人要是夠聰明，就會根據兩人的交往分際，用不同的方式去追求男人，而且即使情有獨鍾，她還是要謹記：就算對方可能是值得託付終身的理想伴侶，如果兩人關係目前仍在起步階段，她對他的認識不夠深，兩人也未論及婚嫁，她就不該一廂情願地全然付出，否則到頭來只會得到更少。

一月十四日

積怨成恨

沒有人是完美的，所以即使你愛一個人，也難免會有討厭、甚至憎恨對方某些行徑的時候。對大部分人而言，「憎恨」並不是件好事，也不應該去恨自己的伴侶，除非鬧到離婚的地步，否則一般人通常並不會用到這兩個字。

事實上，憎恨只是愛情受到阻撓時會產生的徵候罷了。當你愛上一個人，而對方的某種作法讓你無法去愛、去接納時，你自然就會痛恨那種行爲——因爲你希望能改變對方，好恢復愛的感覺。

憤怒若未獲得紓解，就會漸漸蛻變成恨。

於是，當你無法分享、表達心中的負面情緒時，這些情緒便會日漸累積，將你壓垮；或者你會拚命去壓抑，然而，就算你眞的忘了，它們還是會影響你——由於恨，使得你在面對兩性關係時，經常反應過度，或是硬生生地將對方推開。

一月十五日

其實沒那麼糟

女人在宣洩情緒時，男人常會告訴女方「妳別瞎擔心」或「這又不是什麼大不了的事」，希望能藉此淡化她的情緒，讓她覺得好過一點。不過，這話僅對男人有效，對女人卻行不通。

男人只需聆聽女人吐苦水，就是一種很正面、信任而包容的態度。

聰明的女人知道，只要不去逼迫男人，他反而會更重視她的感覺，並能放鬆心情，仔細聆聽，不再去打壓她的情緒。下次當妳想主動談話時，不妨告訴他：「我心裡有很多感觸想說，只是我得先告訴你，事情並沒有我說的那麼糟，我只是需要談談，感受你的關懷，你並不需要說什麼或做什麼。」這種方式能讓男人設身處地體貼妳，不再忙著幫妳解決問題。

一月十六日

結束一段關係

分手時，一般人常會找盡各種理由，在腦海裡寫下對方的各種「罪狀」，然後找一天告訴對方：「這就是證據，你眞的太爛了，我眞是不值得，所以我有堂皇的理由離開你。」以便和對方說再見。

其實，如果你能對自己坦白，拋開對伴侶的不滿，而且心懷感激與關愛，那麼，你不一定非要等到愛情熄了才能分手。所謂的分手，說穿了只是爲下次的愛情做準備。

開朗的心胸能使我們找到適合的對象，也看清了不適合自己的人。

倘若你能了解，有些兩性關係的功能就是爲我們鋪路，讓人從中學到教訓，繼續向前邁進。那麼即使分手，你也不會怨恨對方。其實愛一個人，並不表示得伴他一生。

一月十七日

褪色的情欲

現代夫妻的做愛次數，實際上比媒體上的渲染少了許多。夫妻間性欲銳減的主要原因，不外乎是男人覺得女人總是推三阻四；而女方則是覺得男人對自己愛得不夠、了解不深。女人不想做愛時，無法體會男人的敏感脆弱；而男人也不懂女伴需要先有愛情的滋潤、良好的溝通，才能欣然接納男方的邀約，進入情欲的世界。

許多夫妻在情欲轉淡時，對彼此間的問題仍渾然不覺。

爲了維繫夫妻間的性愛關係，雙方一定要建立起輕鬆自由、正面討論「性」的空間。一旦女方能不斷表示樂於與他共享魚水之歡，男人的情欲自然會健康發展，有如活龍；而女性若能覺得男方的床笫技巧純熟、又懂得呵護她，她的情欲自然就會時時燃動。無阻礙的溝通與情意綿綿的鼓勵，是女人最需要的養分。對男性而言，建立良好的關係固然重要，但性愛也是維繫兩性關係不可或缺的基石。

經常做愛（每週二至三次）是維護幸福婚姻的重要成分。夫妻如果每週做不到幾次愛，很可能是因爲溝通出現障礙，而非單純沒有性欲而已。此時若能仰仗外在的輔助，包括接受性愛諮詢、觀看情色電影和情色書刊等，兩性欲火必能再次熊熊燃燒。

「不用就沒得用」最能懇切形容持續的性關係。

想在年過四旬後仍然享有健康的身體嗎？運動是不二法門。同理，想要永保激情的烈焰，就要經常做愛。

一月十八日

自我治療

當我們擁有一份坦然圓融的兩性關係時，過去的積怨與創痛必然會慢慢浮現。這些情緒的來襲相當隱晦，你很難覺察它們原來是「對父親的不滿」或其他舊傷，反而會把情緒直接發洩在愛你的伴侶身上，以致你一分鐘前還愛得半死，一分鐘後卻又想跟對方離婚。

我們永遠會用伴侶的行為，來解釋自己的情緒擺盪，可惜那並不是主因。

怪罪伴侶是錯誤的方向，只會使傷口更痛。

當你因為過去的傷痛而變得相當易怒與挑剔，卻又不能隨意宣洩時，就會像孩子般無理取鬧。發生這樣的情緒反應時，我們必須學著對自己負責，並學習去愛與寬恕。心情低落時，我們必須把自己當成孩子一樣去照料，或看看心理醫生。照顧自己是我們的責任，即使親如伴侶，我們也無權要求對方為此負責。此時正是進行自我治療、撫慰自己的時機，並能趁此了解父母失職的地方。

別忘了，期望伴侶來安撫自己，無異於要求他們扮演父母的角色。我們愈是依賴伴侶來改變自己，就會陷溺得愈深。因此，唯有扛起照顧自己的責任，才能讓伴侶免於成為我們怪罪的對象。

一月十九日

改變是很難的

改善有時是很困難的。然而，在逐漸改變的過程裡，慢慢地，你會覺得一切都變得愈來愈容易、有趣，收穫也更多了。一旦學會改善的技巧，個人在生活各層面及兩性關係上，都會活得更富足。

在所有兩性關係的技巧中，最重要的一項就是，我們必須了解，技巧是屢試屢敗、屢敗屢學的，直到技巧成爲本能反應爲止。明白了這點，我們才能更富耐心與包容力。學習新技巧有時雖然令人心煩，但過程也相當有趣。施用新技巧後所得到的立即回饋，更會不斷帶給你希望、鼓勵與支持。

只要肯跨出第一步，你的兩性關係便能立即出現驚人的進步，只要勤於練習，技巧必能更臻成熟。兩人之間的濃情不但可以長久，親密感也可以獲得提升。

一月二十日 重新學習愛

戀愛容易，維持困難。每個人都希望愛情能夠持久，永遠過著幸福快樂的日子。沒有人會在結婚時想到：「喂，寶貝，我在想，咱們先結婚，一起甜甜蜜蜜過上兩三年日子，然後等彼此覺得厭倦了就離婚——你覺得怎麼樣？」或「親愛的，我們住在一起，好好享受五年性生活，然後開始吵架，搞點外遇，最後分手。」但是，這種事難免會發生，最後總是弄得浮沉情海的男女衆生痛苦不堪。

假如你希望自己的兩性關係品質勝過上一代，也能獲得眞正的愛，就得善加經營。首先，你得放下身段，坦承自己必須學習愛的方法，感受心中對親密、感激和愛的渴望。最容易的學習辦法就是假裝自己對愛一無所知，以初學者的心態去一一學習。

初學者的心態能使人敞開胸懷，學習新的事物。

兩性關係的建構是一門藝術，也是一門科學，就像造橋、做菜或彈奏樂器一樣，都需要技巧和不斷的練習。等你抓到要領了，自然也就成了你的本能反應。

暫且不管你以前有過什麼經驗，但推動兩性關係的技巧確實是可以學習的。

一月二十一日

等待的智慧

千萬別急著上床！這樣男人才有機會把肉欲提升到更高的境界，向女方表達情意，這就是女人等待的智慧。

男人在經過約會最初的三個階段（吸引、不確定、獨占）後，原有的欲念會變成對感情的需索，進而努力討女方的歡心，對她表示眞正的興趣，女人也才有機會把這份興趣轉變成愛。當男人藉著情欲來表達對女人的愛戀時，正是提升親密感的最佳時機。

等待的形式有很多種。也許妳選擇立刻發生性關係，但在情感上有所保留；或者妳選擇壓制性欲，直到了解對方，有了感情再說。第一次約會時，若能明智地保留自己，反而更能創造機會，加深男方對妳的興趣與好奇。

每場關係都是獨一無二的，在面對「我該等多久再跟他上床？」的問題時，請聆聽自己的心聲。女人請小心！就算兩人有了性關係，男人也不見得非妳莫娶。

女人常先藉著約會來培養感情，然後再選擇要不要發生關係。反之，男人最先想到的是性，接著才選擇投入感情。遲遲不肯上床或立即發生關係，其實效果並不一定。不過，女人若想利用性來「拴住男人」，反而可能會讓他退卻。女人必須了解一點，自己有「選擇何時發生關係」的自由；男人也有「選擇在發生關係後，何時談感情」的自由。男人不能怪女人不肯點頭；女人也不該怪枕邊的人不想放感情。

獨占的兩性關係是長期親密關係的基礎。女性會在開誠布公的分享中，建立親密的情感；男性則會在女方全心的支持與呵護中，體驗到漸增的愛。女人若能更開誠地表露自我，男方便能慢慢了解她，如果他能因了解而不斷去支持對方，心中的愛就有機會得到成長。

一月二十二日

釋放負面情緒

發洩情緒並不難，難的是如何在不傷人的狀況下，去抒發負面的情緒。其實要訣很簡單，就是向別人傾吐心事。如果我們全然表露自己的感受，負面情緒自然就會獲得釋放，因而騰出空間，讓正面的情緒悄悄進駐。

不過，抒發情緒並不是萬靈丹，有時愈常訴苦，就愈是苦個沒完，最後反而無法自拔。之所以會出現這種情形，多半是因爲我們忽略了某種情緒成分。好比說，我們以爲自己很生氣或是很難過，但其實眞正的原因卻是恐懼。如果我們能花點心思，探索四種治療性的情緒：憤怒、哀傷、恐懼及歉疚，就一定可以找出負面情緒的根源。每一種情緒成分的重要性都不分軒輊，若是忽視了其中某一項，你就會迷失在其他的情緒中，無法自拔。

傾訴未必能夠解決問題，有時反而會讓我們愈陷愈深。

靜下來檢視這些負面情緒，會激發我們愛與被愛的正面情緒，這種正面積極的態度又能提供我們克服人生橫逆的動力，諸如定力、恆心、希望、體諒、包容、關心、喜捨、寧靜、欣賞、信任、寬恕與關懷等。

雖說有時只要情境適當，傾訴是釋放負面情緒的最佳途徑，但是在另些時候，找人訴苦反而會阻滯我們探索四種情緒的動作。因爲對方的存在與反應，會令我們對自己的內心世界有所保留。比如說，如果你動怒了，聆聽者也基於自衛的本能而大發脾氣，兩人就會膠著在憤怒的情緒裡，無法從憤怒過渡到哀傷、恐懼、歉疚及愛的情緒裡。

有了這種認識之後，你不妨嘗試另一種更簡單、更有效的解決方法，那就是心中懷有怨尤時，不妨坐下來寫一封「情緒告白書」給自己的伴侶，將內心所有的憤怒與埋怨傾吐而出，然後再表達心中的難過、恐懼與歉疚等情緒。

通常寫完自己的情緒之後，愛意常會奇蹟般地油然而生，使你發乎至情去原諒伴侶的過錯，重拾愛的感覺。接下來，你也才能對伴侶訴說自己的願望、感受與需求。當兩人的關係充滿愛與良好的溝通時，對方才能更輕鬆地傾聽，我們也比較容易獲得預期的回應。

在整理自己的情緒之前，就要求伴侶來幫我們處理情緒垃圾，其實是很不公平的。

寬恕與坦然並不等於贊同伴侶的行爲，但它們能化解你心中的情緒，好讓愛能像從前一樣汩流而出，讓對方不再需要負擔你的情緒，並讓你能再度爲自己的幸福負責。情緒告白書不僅是紓解負面情緒的務實作法，同時也是爲了坦然包容的溝通鋪路。

一月二十三日　男人究竟要什麼？

在兩性關係中，男人眞正想要的，是那種能讓伴侶快樂的成就感。女性的心滿意足不僅讓他更快樂，也能釋去他的負擔。她的快樂使他感覺被愛；她溫暖的回應好比一面鏡子，讓他看到了自己的美好。

然而，隨著生活壓力日增，這個目標變得遙不可及。當男人回到家時，妻子常已累得半死。於是，他便會因爲自己無力帶給妻子幸福而感到沮喪，甚而變得冷漠。漸漸地，當他的努力絲毫見不到成效時，生活和兩性關係也就失去了一切的魔力和意義。

女人溫暖的回應和感激，就像一面鏡子，讓他看到自己的美好。

女人若能了解這點，自然會更樂於在男人面前表現自己的快樂。即使有時疲累不堪，女人若能經常認可、感激他，也能讓他臉上有光。如此一來，女人便能充滿自信，去滿足男伴最大的需求。

一月二十四日

女人也需要性愛

一般來說，男人在十七、八歲時性欲最高；女人則在三十六到三十八歲之際達到狼虎之年。男人不需要太多的前奏，就能欲火熊熊；女人則需要更充足的時間與準備，才能勾動欲念。因此男人很自然地認爲，女人不像他那麼喜歡性。不過，如果想要長年維持兩性關係的熱情不減，男人必須確知女伴喜歡和他做愛。

由於女人需要更多的條件來勾動情欲，以致男人往往誤以爲，她不想要或不需要性。

此外，母親對性愛的態度也會影響一個男人。假如他在青春期時，擔心母親發現自己對性和女孩的興趣日增，也許就會覺得性欲是股邪念。以致他爾後長大，跟心愛的女人在一起時，這些潛在的念頭就會出來作祟，覺得「跟她在一起不能想到性，否則她會拒絕我」。

雖然這些念頭也許不會直接抹殺男人的性欲，但是一定會讓他在面對一個看似毫無欲念的女人時，害怕受到拒絕。一旦求歡時看到她心情不好，他就會下意識地認為：「我就知道她不想做愛。」

為了解決這種問題，女人可以不斷地委婉暗示男伴，其實自己很喜歡性，所以偶爾做做也無妨；另外還有一種方法則是，每次他一求歡，妳就熱情相迎。

一月二十五日 避免爭執

女人不肯承認情緒低潮，或是刻意打壓情緒時，一定會引發兩人之間許多的爭執。在這種時候，她的言詞會顯得非常強硬、固執，令男方十分不悅，甚至覺得受到威脅——她不可能接受我的想法，也不稀罕我的高見。雖然她覺得自己的作法並無不妥，他卻愈聽愈氣，以致所有的負面情緒一股腦兒全跑出來了。另一方面，假如男人只顧著發飆，而無法客觀考量女伴的看法，也可能使對方因爲反感而變本加厲。

若想避開傷人的爭執，乍見苗頭不對時，就該立即止住談話，暫時避開。

兩人在和平共處時，都不見得能化解彼此的歧異，更何況是爭吵時。雖然爭執是難免的，但至少我們可以用一種互重互諒的態度來面對它。一旦我們開始在爭執中相互傷害，就必須各退一步，暫停擱下一切，等稍後再回來解決問題。

爭執對兩性來說，是一件很傷人的事，縱然兩人並未大打出手，但爭執所造成的心理傷害，需得假以時日才能癒合，而且兩人的關係愈近，就愈容易受傷。

一月二十六日

經營來電的情境

「來電」是無法安排創造的，我們只能去經營一個適當的情境，設法讓天雷勾動地火，讓對方覺得有來電的可能。你不能隨便挖口井，就期望裡頭甘泉狂湧。

當女方從餐廳座椅上站起來，走向洗手間時，男人可以好好仔細看看她，有感覺就有，沒感覺也裝不來，而且不同的男人看同一名女子，喜歡的程度也不會一樣。

有了良好的溝通和相處技巧，我們可以創造滋生愛苗的情境。

因此在交往初期，你不妨安排適當的環境，以利傳達心中的情愫。當你不斷看到對方最好的一面時，就有機會敲開自己的心門。心中有了愛，才能去包容對方的缺點，即使在沮喪失望時，依然深愛對方，這才叫做眞愛。

一月二十七日

談話未必有用

男人生氣想找人談話時，女人會習慣性地以爲，只要把問題談開了，他的心情就會恢復平靜，但是，她卻忘了有個大前提——她必須先認同他的看法，否則往往愈談愈糟。所謂男女大不同，女性必須了解，談話未必是男性解決問題的最佳辦法。

男人在氣頭上時，最好和他保持距離，避免跟他談話。

女性喜歡向人傾訴，所以男人需要找人談話時，女人通常不會拒絕。因爲她沮喪時，最希望他能在一旁傾聽，更何況分享是抒發心情的捷徑。然而問題是，女人需要找人談話時，並不會要求對方認同她的觀點。

男性可不一樣了，他們在沮喪時更需要得到認可，確認自己是對的。其實只要給男性一點思考的時間與空間，他們自然會去審視整件事，讓心情恢復平靜。因此，當男伴生氣時，女人若無法苟同或接受他的看法，就應該設法延後交談，即使必須斷然拒絕也再所不惜。她可以對他表示：「我了解你的心境，讓我想想，等我釐清頭緒後再跟你談吧。」這種處理技巧不僅顧及他的面子，同時也給他消氣的時間與空間。此時千萬不能語帶責備，否則只會把事情搞砸。

一月二十八日

拋開錯誤的假設

男人常以為，一旦關係定下來後，兩人就不會再有問題了；女人則覺得，男伴應該主動去滿足她的需求，不需要她再三提醒。其實這些都是不切實際的假設，唯有拋開它們，男人才會更容易覺察到問題的存在；女人也才能用更正面的方式，向男伴表明自己的需要。有了更好的溝通，兩人自然可以暢快分享共有的責任與喜樂。

男人請了解一點，兩性關係其實和工作一樣，都不能丟著不管。任何偉大的成就，都是毅力、耐心、化解問題，再加上不斷努力的成果。血汗與淚水並不是職場上的專屬品，家庭也需要你同等的投入。若想創造親密幸福的男女關係，就得努力經營。即使有時相當辛苦，然而，只要功夫下得深，就能從中享受喜悅的成果。

血汗與淚水不是職場的專屬品，家庭也需要你同等的投入。

至於女性，則一定要記得男女大不同的鐵則，男人少根筋是天生的，因此，女性不該呆呆期望對方，應該本能上就會知道或記得她所有的需求，而是應該要設法戰勝抗拒心，大膽且篤定地向男方開口要求。

一月二十九日

浪漫的重要

男人渴求狂野的情欲；女性則冀望卿卿我我的浪漫。即使是堅強睿智、位高權重的職場女強人，也不能掙脫追求浪漫的女性宿命。浪漫對於任何地方的女性，都有它的神效。因此，男人若想實現女性對浪漫的渴望，就得先了解什麼叫做浪漫。

表示關懷的卡片、一束鮮花、雅致的禮品、燭光晚餐，不論是臨時邀約或是刻意安排，都能使女性心中充滿浪漫的情愫。

男人不是不浪漫，只是不懂浪漫的重要。交往初期時，他會心甘情願對女方展開浪漫的攻勢，把她捧在手掌心上，但是男人卻不明白，等兩人關係穩定了以後，爲何還需要這一套。

不過，若是他從小就時常看老爸對媽媽獻殷勤，也許自然就懂得如何經營羅曼蒂克的氣氛，可惜事實不如人意。歸根究柢，如果想要建立浪漫的兩性關係，男人就得花點時間營造浪漫的心境。

一月三十日

理想的夥伴關係

建立平權的夥伴關係，既是兩性關係的成功關鍵，也是兩性關係發展的阻礙。若能了解男女對夥伴關係的看法不同，就能有助於維持彼此的熱情；若想讓愛永不止息，就一定要使男女雙方都感到滿意才行。

女人認爲，所謂理想的夥伴關係，就是兩人基於平等的基礎，攜手爲共同的目標合作努力，它並不涉及誰領先、誰主導的問題。這種密切的合作關係，會讓女人感受到雙方的參與。

但是，男性對夥伴關係的看法則截然不同。他希望能擁有明確的分工、能夠完全掌握主控權，也希望她有自己的工作，替自己作主。他不喜歡女人從旁操縱，也未必想參與她的事情。

對他而言，兩人分別承擔不同的工作與責任，才是最理想的合作情形，他也才會覺得彼此是爲了共同的目標而努力。

雖然男女對夥伴關係的看法不同，但還是有妥協的空間。

如果兩性都能有這層認知，雙方才能攜手建立理想的夥伴關係，而其中的關鍵，就在於讓這兩種夥伴關係同時並存：有時做適當的分工，有時則一同動手。一起動手時，女性對男方的貢獻要表示激賞；分工合作時，男人也要尊重女方的期許與需求。

除此之外，爲了讓夥伴關係更堅實，男女都千萬別只想到自己，而要設出共同的目標。因爲想要保持熱情不減，夥伴間就必須要有超越個人的共通利益與目標才行。

一月三十一日

男人的目標

支持女伴，並接受她的愛，是男人的兩性關係目標。只要他不偏離這項「本業」，兩人的關係就有繼續成長的空間，但是，如果他只顧著接受，不肯付出，就是偏離了「本業」，女方也會開始表示反彈。

浪漫的習慣能幫助男性專心實踐目標，因爲在傳統的追求儀式裡，男人是供應者，女性是優雅的接受者。這些儀式能不斷證明他的誠意，所以十分重要。其實男人只要安排一次約會、打幾通電話、花點小錢、替她撐傘等，就能搖身變成她的夢中情人。

浪漫的儀式能不斷證明男人的誠意，因此十分重要。

女性若能心安理得接受男性的支持，不覺得有必要回報他的壓力，感情品質就會大爲提升。男人的浪漫儀式使她感到受寵，並感知他的付出；而他自己也會在浪漫之中，再度體驗了無條件的付出所帶來的甜蜜。

二月

體諒、擁抱、承諾

嚴寒的二月天裡，春的訊息杳然無蹤，大自然以最嚴酷的方式考驗著我們的毅力。

此時，我們的情緒也受到了最大的挑戰。男女雙方都必須努力去了解對方的內心世界，學習相愛，擁抱彼此的差異，並堅守互許的承諾。

男人經常在這個時候抽身而退，以尋回對獨立與自主的渴望。女人若能懂得包容他這種需求，他自然會再度重拾對她的愛與渴求。

除了男性，女性本身也有情緒上的挑戰。如果她壓抑了自己的負面情緒，或是為了討好對方而否定自己的需求，這些負面情緒和未獲滿足的需求隨後都會開始浮現，使她陷入情緒的低潮。此時，她特別需要男人的陪伴、分享和體諒。

無論是體諒、擁抱，還是給與承諾，我們都必須分享愛侶複雜的心緒起伏，這不是一件容易的事，然而，我們卻也因此在愛的挑戰中，展現了自己最美的一面。二月是紅男綠女在重重挑戰中致力創造愛的時節，我們若能多花點力氣，製造浪漫的氛圍，兩性關係必能逢凶化吉，創造濃情蜜意的共同回憶。

二月一日

家事的分工

歷史經驗告訴我們，男人不斷奮鬥努力，在外面忍受各種競爭與衝突，不外是爲了在工作結束後，得到愛侶的支持與感謝。因此，男人在家裡如果能獲得充分的休息與充電，到了辦公室才能發揮更大的抗壓能力。

相較之下，女人則承受了更多的壓力。除了職場上的競爭，回到家後，母性的本能仍會促使她們繼續付出，絲毫沒有休息和放鬆的權利。男人則不一樣，他雖然也喜歡家裡窗明几淨，但是他不會像女人一樣，拖著疲累的身體動手打掃。男女對家事的反應其實是天差地別的。

女人回家時，同樣希望伴侶能倚門相迎。

這種現代男女互動的新形式，對兩性關係的傷害雖大，卻常受到兩性的忽略。我其實並不鼓勵女人離開職場，回歸廚房，但每個人一定要了解自己捨棄了什麼。在打造更公允和諧的兩性世界時，我們應該緊抓那些有助於兩性實現自我的眞理，予以通權達變，一則滿足兩性的本能需求；一則讓我們邁向新的目標與理想。換句話說，不論是女人多做了什麼，或是男人幫了些什麼忙，其實都不是重點。女人的疲憊或幸福，關鍵實則繫於兩性關係的品質，以及男伴對她的支持。男人只要能顧及女伴對溝通與分享的需求，回家後不僅能放鬆休息，也能成功支持伴侶。

同理，女人也應該牢記，與其希望男人自動幫忙家事，不如優雅地向他開口要求，同時不忘讚賞一番。有了良好的溝通及氣氛，兩性之間就能找到平衡點。男性若體驗到，原來幫忙洗碗是最佳的前戲，自然就會願意參與家事。

二月二日

掃除疑惑

一般人在熱戀期間、甚至是結婚以後，心中都不免會有疑慮——到底自己找對了人沒？自己是不是根本就不該結婚？其實，就算你找到自己緣訂今生的那一半，疑慮還是難免。這是很自然的反應，而且等到澄清後，你反而會覺得更篤定、更能理解。

當我們發現心儀的對象後，自然就會進入追求的第二個階段——設法和對方約會。一旦我們開始想深入了解對方，建立純屬兩人的關係時，心境就會突然發生轉變，並產生不確定感。對某些人來說，這種心境的轉變有如山崩；有些人則較能平心視之。這種心情起伏的強弱程度，有時正代表了對方值得被開發的潛能。

即使和靈魂伴侶在一起，我們還是會有些許疑惑。

這種不確定感的產生，其實是因爲我們不信任自己，與伴侶本身的關係反而不大。就算我們正在跟自己的靈魂伴侶約會，還是有可能渾然不覺，或是心中問號連連。可惜許多單身貴族並不知道，疑惑是建立兩性關係的必經過程，還以爲自己不敢肯定，是因爲找錯對象之故。這些人天眞地相信，只要找到正確的另一半，天堂之門就會自動開啓，從此過著快樂的日子。

同樣地，夫妻間若彼此存有疑慮，對未來感到不確定，也會覺得驚惶失措。其實想要建立長久而穩定的兩性關係，就必須去包容懷疑和不確定的存在。愛情跟季節一樣，有一定的循環。一旦對兩人關係產生懷疑，這通常表示我們必須多愛自己一點，而不是依賴伴侶。如果你總是期望伴侶來拉你一把，那是很不健康的心態。

我們若覺得對方不夠支持我們，就更應該放棄消極的態度，積極地從朋友、家庭或宗教中尋獲心靈的支持與慰藉。我們若能夠在不依靠伴侶的前提下，就獲得內心的滿足，那麼不確定時的低潮，自然就能被新的熱情與信心所取代。

二月三日

金錢買不到愛

有錢固然能使鬼推磨，但它也會提高兩性關係的難度。我曾目睹許多夫妻在創業時相扶相持，卻在功成名就後，彼此疏離憎恨。其實，如果我們能深入了解兩性不同的情緒需求，成功與金錢便可以成爲兩性關係中的助力，而非阻力。

男人常誤認爲，財富愈多，女人就會愈快樂，所以在貧賤時，他會爲餬口而奔忙，而且特別能體諒女伴的憂愁，可是等到有了經濟基礎，他便自認已經完成分內工作，從此可以高枕無憂，但女人卻不這麼想。對女人而言，一旦物質需求獲得滿足，她就會感到更強烈的感情需求，開始講究溝通、親密關係和浪漫的氣氛。

簡而言之，當兩性關係從物質進展到精神層次時，雙方都必須了解，原有的交往方式已經再也無法滿足彼此，以致兩人之間必然會產生新的問題。

由於女人較在意感情的需求，所以就會率先體會到心中的缺憾。漸漸地，她的不悅就會影響到男伴。於是兩人的感情愈深，他就愈受不了她的不滿，最後弄得兩個人都不快樂，怨聲連連，而且都不願承認彼此有這些新問題。

男人自以爲工作已告完成時，女人卻對他有了新的期許。

其實這些新的問題雖然無法避免，卻不難化解。如果雙方都能了解並接納這項事實，就不會生對方的氣，也不會懷疑彼此的關係，而會懂得檢視舊有的相處與溝通模式，齊心提升彼此的感情，更不會輕易更換身邊的伴侶。

二月四日

找對時機

男人需要獨處，以便忘卻煩惱，整理自己，並慢慢接續愛的感覺。等男人心情轉好了，他自然會走出孤獨，擁抱兩性關係。

男人在自己的空間獨處後，可以釋盡工作壓力，迎向男女關係。

因此，女人必須壓制自己想與男伴分享心情的衝動，而且要等他走出自己的空間後，再跟他分享，如此才能獲得他的支持。如果在男人還無意聆聽時，便迫不及待跟他談話，結果必然會令人失望。懂得等待正確時機的女人，才能與男人分享自己的感受，得到需要的支持。

男人若沒有時間去沉澱心情，便很難找到最初吸引彼此的感覺。同理，女人若苦無機會分享自己的情感，愛的感覺也會變淡。總之，女人必須練習讓男人獨處，男人也必須練習聆聽女人說話。

二月五日

別去煩他

如果想獲得圓滿的兩性關係，女人就必須了解，男人在生氣或承擔壓力時，會默默回自己的洞穴裡療傷止疼，而且任何人都不得其門而入，就連他的好友也不例外。因此，女人別擔心是自己做錯了什麼，倒不如慢慢放手讓男人獨處，過一陣子，他們自然會走出來，然後就天下太平了。

這項功課對女人來說很難學，因為女人的原則是，朋友有難時，自己必定隨侍在旁，所以心愛的男人有困難，當然更不能棄之不顧。不敢放他一個人，是因爲關心他、想提供協助，可惜這麼做只會惹得男人更不高興。

女人誤以爲，只要絮絮發問，靜心聆聽，便能讓男人心情大好。

因此，男女都必須停止自己一廂情願的想法，學習了解伴侶的觀點、感受與行爲模式，從此才能和平相處。

二月六日 給男人時間

女人學會暫時抑制自己的需求，給男人時間去轉換心情的跑道後，便能創造一個良好的環境，讓男人去感受與付出愛。等他漸漸習慣支持女伴後，也會期待她的鼓勵。男人從女方身上得到愈多的支持，就愈不想離開她身邊。

女性若是不懂這種新的兩性關係技巧，便會在不知不覺中，干擾男人更換心情的跑道，害他很難把心思從職場上調回家中。女人如果只想霸占男人，或討厭他一個人獨處，男人就很難放鬆心情，回歸兩人世界。一旦這種惡性循環持續下去，男人也許會淡忘愛的感覺，甚至覺得自己不再愛女伴了。

如果男人在回到家時，能夠有位溫柔體己的女伴，便會覺得疲勞盡釋，心情自然能轉換過來，轉而關心自己的女伴。事實上，根據許多運用這項技巧的女性表示，這個技巧神奇地改變了她們的男女關係。

二月七日

男人有如橡皮筋

男人好比橡皮筋，當他們抽身而退時，只能離開一定的長度，然後就會彈回來。這個絕妙的比喻使我們了解男性對親密關係的心理週期，它包括了親近、離開、然後再度接近等三個階段。

大部分女人都會驚訝地發現，男人即使深愛一名女子，他在貼近她之前，仍會需要定期離開一陣子。其實這並不是他的決定或選擇，也不是他或她的錯，那只是一種自然的因循而已。

不過女人卻很難理解，男人爲什麼要走開，因爲對女人而言，她會基於不同的理由而離開男人。例如：當她認爲男人不了解自己的感受、覺得受傷且害怕再度受傷，或當男人犯錯而令她灰心失望時，她才會離去。

當然了，男人也會爲了同樣的理由而離開女人，但是，即使她沒有犯下任何錯誤，他也愛她、信任她，男人還是可能突然莫名其妙轉身離去。不過別擔心，男人就像橡皮筋，拉開一段距離後，自動就會彈回來。

距離使人堅強。

對男人而言，離開是爲了滿足對自主的需求，等距離拉到了極限，他便會立即彈回來。他只有在分離後，才能重新體會自己對愛與親密的渴求，也才能更樂於付出並接受愛。而且男人再回頭時，會重新接續離去時的關係狀態，並不需要任何暖身的動作。

女人若能接受男人這項需求，就能縱容他在自己的空間裡，體會對愛的渴望。如果妳能支持男人出走，他必能拾回對妳的愛，重新回到妳身邊。

二月八日

女人像波浪

女人就像海浪，戀愛中的女人尤其像起伏不定的波浪。當她心情大好，整個人就有如高舉的浪峰，可是情緒一轉，浪頭剎時也就碎了。浪碎是暫時的，等她跌到了谷底，心情又會突然轉變，再度展現歡顏，而她的浪潮也又開始向上爬升。

當女人處於浪巔，她覺得心中盈溢著愛，潮落時，卻又覺得空虛無比。其實女性心情低落時，正是她整理情緒的時候。

男人只要了解女人心情的變化模式，就不會以爲是自己做錯了什麼。當他能心平氣和看待女伴的壞心情時，反而更能給她支持和鼓勵。

了解女人的情緒變化如浪，男人才不會一味怪罪自己。

如果她爲了表現關懷與好心情，而壓抑負面的情緒或否定自己，那麼在情緒差時，這些負面情緒與不滿就會流露出來。此時，她會特別需要與人談心，獲得了解。

二月九日

男人的「出穴」信號

男人可以運用女人能理解的暗示，讓女伴清楚知道，他什麼時候準備「出穴」。溫柔而非關性愛的撫觸，是一種最有效且簡單的信號。當男人用肢體來表達關懷時，就表示他已經結束獨處的時候了。

主動攀談也是另一種讓女人明瞭的方式。即使沒什麼話要說，也可以問問她的狀況，像「妳今天過得如何？」等一般性問題雖然也不錯，但若能再深入細問，如「妳跟某某人會面的情形如何？」則更理想。雖說他可能不在意女方問不問他這種事，但若能對女方表示關懷，她會覺得很窩心。

表示興趣是打開女人心房的最佳利器。

由於現代婦女身上常有許多男性的特質，有時除非別人問起，否則連她們也不知道自己需要跟人談一談，因此，主動攀談對兩性關係幫助尤大。

二月十日

面對女伴的情緒

戀愛中的女人會因愛而生光發熱，幸福洋溢。大部分男人天真地以爲，女人的光華會持恆不變，並期盼她的愛能泉流不絕，這簡直跟期望天天放晴一樣，根本不切實際。事實上，生命充滿了各種律動——日夜、冷熱、寒暑、春秋與陰晴。同理，在兩性關係裡，男女各有不同的節奏與循環，男人退而後進，女人則是在愛情裡起伏跌盪。

男女各有不同的節奏與循環，男人退而後進，女人則是在愛情裡起伏跌盪。

男人誤以爲，女人之所以會突然改變心情，都是因爲他的關係。她的快樂是他的功勞，她的哀愁也是他的責任。男人常因不知如何哄女伴開心而感到懊惱。一分鐘前她明明還開開心心的，讓他以爲自己的表現不錯，可是接下來她就情緒逆轉，弄得他不知所措。就好像有人把計分板上的分數改掉似的，前半場他還是贏家，怎麼一下子就輸了。

爲此，男人唯有了解女人的情緒波濤，才能在她心情不好時，給與更多的支持。女人情緒低落時，最討厭有人在一旁長篇大論地分析。她其實只想有人陪著她，聽她吐苦水，了解她的感受而已。

即使男人無法完全理解女人的情緒起伏，還是可以提供愛、關懷與支持。女人必須學著包容男人的出走獨處；男人也必須學習諒解、支援女伴的心情起落。

二月十二日　女人需要談話

女人若覺得無法在兩性關係中暢所欲言，就會悶悶不樂，因爲她的女性本能無法獲得滿足。更慘的是，由於現代女性陰柔的一面常受到打壓，她們甚至不知自己需要什麼，只覺得若有所失，於是只能埋怨身邊的男人。

女人愈是與女性的本能脫節，就愈難接納男性的支持，同時，她的伴侶也會感到相當挫折，因爲他無法滿足她，也無力改善現況。有些女人甚至不知道自己需要跟人談一談，還誤以爲自己沒時間廢話，或是覺得談了只會更糟。

若是缺乏好的聆聽者，談話確實會使事態惡化。不愉快的談話，會讓女人更怯於主動邀談。如何辨識並滿足這項需求，當然是女人自己的責任，不過如果有個體貼的伴侶，便會不無小補。

現代女性的工作壓力極大，所以當她回到家時，也需要與人分享，感受伴侶的了解與關懷。即使她不願多說，但聰明的男人會懂得循循善誘，用關懷誘發她說話。

二月十二日

結婚的承諾

在人人更自主的年代裡，婚姻不再只是一種維繫家庭的承諾，愛的成長益形重要。人們因愛而結合，沒有什麼比婚姻的承諾，更能滋養愛的成長。

婚姻是一種認可，認可伴侶的珍貴，允諾彼此願意在愛中攜手成長；婚姻是一種承諾，承諾終此一生，疼惜伴侶於任何人之上。這份承諾能引發出男人最美好的一面，也能賦與女人培養信賴與坦然所需要的能量。當她在困頓之時，婚姻的承諾能幫助她憶起往日的種種甜蜜。

珍惜與感激能讓女人打開心門，付出更多的愛。

女人必須相信自己的需求能獲得滿足，感受到男伴對她的激賞、關懷、了解與尊重，知道他願意與她終生相伴，才能給與男人所要的愛、感激、接納與信任。如果男人只是排拒婚姻，付出也有所保留，兩人最後非但什麼也得不到，彼此的愛也難以得到完全的發展和表達。

二月十三日

浪漫的意義

其實男人只要嘴巴甜一點，說些：「我關心、了解妳的心情，我知道妳喜歡什麼，我很樂意為妳做事，妳並不寂寞。」之類的話，就可以大大滿足女人對浪漫的需求。若能在女伴尚未開口前，主動幫她做些小事，女人會覺得備受寵愛。假如他忘了做，聰明的女人也會委婉地提醒他，不會就此罷手。

對女人而言，不必等她開口就主動幫忙，就是一種浪漫。

不過，男人對愛的感覺則不同，當她一再表示，跟他在一起很幸福時，男人會覺得受到疼愛。她的好心情讓他覺得被愛，就算她是因為天氣好而開心，他也覺得自己有份功勞，女人的滿足，是男人最大的快樂。

鮮花和巧克力讓女人覺得浪漫，而女人感激的眼神，則會讓男人覺得置身雲端。當女方因爲他的一些小動作而感激不已時，更是浪漫到了極點。

對男人來説，感激他爲她做的點點滴滴，就是浪漫。

愛一個男人，最重要的一個技巧就是掌握時機，讚美他的付出，而最大的忌諱就是視之爲理所當然。另一種愛他的方式，就是儘量淡化他的錯誤，告訴他「沒關係」或「無所謂」。若能以平常心面對失望，男人會願意爲妳賣命。

讓男人爲妳服務，滿足妳的需要，雙方都會是贏家。

二月十四日

求婚的重要

經過初期的約會階段後，我們會慢慢知道，對方是否是自己的結婚對象。有時我們把對方視作靈魂伴侶，深愛之餘，更願意與之共度餘生。然而，這往往只是一時的情愫，儘管認定對方適合自己，但爾後卻可能懷疑或遺忘這份心情。爲了確保愛情永無止息，我們必須勇於信守承諾。打鐵就須趁熱，等熱度冷卻下來，機會也錯失了。

因此，若能許下結婚的承諾，我們自然會去強化這份決心，並付諸行動，讓彼此的關係更堅實穩固。兩性關係就像春天初綻的新芽，需要細心的培育與呵護。

有了眞摯的允諾做爲支柱，愛就有機會茁壯。

大多數男人都不了解，求婚對女人的意義有多麼重要。對女人來說，求婚是一生中僅次於婚禮、且最令人欣喜的回憶。它不僅是最珍貴的一項禮物，更能爲往後的幸福鋪路——將來夫妻遇到逆境時，只要回顧當年求婚的甜美和天眞爛漫，便又會想起這一路走來的情深義重。

二月十五日

浪漫與性

男人常誤會女人，不知她們究竟想從兩性關係中得到什麼，而且覺得她們老愛故作矜持。當他想做愛，而她卻沒那份興致時，男方就很容易誤解，覺得自己被拒絕了。殊不知女人得先感受到愛與浪漫的氣氛，才會有情欲可言。

女人需要跟伴侶維持良好的溝通，才能感到受寵與愛，而男人則需要性。當然了，男人也可以用其他方式去感受愛，不過最棒的方法，還是藉由熱情澎湃的性愛來觸動他的靈魂。親密的對談讓女人覺得窩心；性愛或對性的期待則使男人愛在心裡。

二月十六日

聆聽的藝術

男人一旦掌握聆聽與詮釋女人心情的要訣，溝通就變得容易多了。聆聽跟任何藝術一樣，都需要練習，若是不夠純熟，就很難做好。除非男人抓到了聆聽的要領，否則難保演出不會走樣。女性必須記住一點，這不表示他不愛妳，只是能力有待加強而已。

有時，除非女人開始談話，否則男人無法了解，自己並不擅於聆聽。如果他在聆聽的過程中感到挫折，就不該繼續勉強，因爲那只會使自己更懊惱，對雙方都沒有好處。比較尊重的作法是向對方表示：「我眞的很想聽妳怎麼說，但我需要一點時間來消化妳的話，我們以後再談吧。」

發生誤會時，請記住男女大不同，而且不妨多花點時間，慢慢轉譯對方想表達的意思，這種技巧勢必需要練習，但絕對值回票價。

二月十七日

維繫性生活的品質

婚姻之所以異於親密的友情，其中一個主要原因，就是婚姻生活包含了性。性比任何其他活動更能直接滋養男女，不僅能增加她的女人味，同時也能讓他更具陽剛氣。

性是一股強大的力量，既能拉近雙方，亦能離絕彼此。

不過，單憑原始的本能，並不足以創造美好的性生活。隨著時代改變，性生活的品質也愈趨重要。對於「如何創造持恆而熱情的性生活」，上一代的長輩並不能給我們可貴的建言，而且它並不是一種常識，更不會自然發生。

因此，如果想在床笫間滿足伴侶的需求，光憑愛情並不足夠，新的技巧也少不了。

我們必須牢記，切莫將性視爲理所當然，而待之輕慢。想保有甜蜜的性生活，雙方都得發揮創意與體貼心。

二月十八日

不想聽，怎麼辦？

女人想談話時，如果男人一心想獨處，卻強迫自己聆聽，結果不是開始憤憤不平地批評她，就是一臉疲態，或心不在焉，最後反而惹得她一肚子氣。因此，當男人無法專心聆聽，用心了解與尊重女伴時，不妨採用以下三種作法：

1. 接納自己的極限：首先你得接受一件事——你需要離開獨處，無法付出。無論你多麼想表達關愛，反正又靜不下心來聆聽，何苦要爲難自己呢？

2. 了解她的痛苦：接著你必須了解，此時她所需要的，遠比你能付出的多。千萬別小覷女伴的痛苦，別指責她、怪罪她，因爲在她需要你的愛時，你卻棄她而去，這是非常傷人的。你想獨處不能怪你，她想接近你也不是她的錯。也許你害怕她將來不肯原諒你或信賴你，其實你若能關心並了解她的痛苦，就絕不會發生這種事。

3.避免爭吵，讓她寬心：了解她的痛苦後，你就不會再責怪她了。雖然你無法提供她所需要的支持，卻可以避開爭執，以免加劇問題。你不妨向她保證，你會回到她身邊，而且屆時你將傾力鼓勵、安撫她。

二月十九日

不要只想改變男人

男人有兩種，一種在女人企圖改變他時頑強抵抗；另一種則是虛與委蛇，稍後又故態復萌。換句話說，男人不是積極反抗，就是被動反抗。

男人若覺得對方並不愛他，反而會有意無意重複對方討厭的行爲，直到感覺到對方的愛與接納爲止，否則不會罷手。

男人若覺得女人愛的是他這個人，便能表現出自己最好的一面。

男人必須感受到女方的愛與接納，才能改善自己，否則他會處處爲自己辯解，執意而行。接納能使男人自動自發地改善自己，女人一旦放棄改變男人的意圖，男人反而會更願意對自己負責。

二月二十日
熱情不滅

對某些人來說，一生若只有一名性伴侶，似乎太過乏味，因爲他們想追求更多的刺激。當你學會把性愛變成一種自然的產物，而不只是行禮如儀，性就不會變得無聊了。隨著時間的遞增，情欲的感覺會持續改變，熱情也可以保持成長。

改變做愛的方式，不必更換伴侶。

良好的溝通與性關係，是婚姻的致勝祕訣。對大多數婦女而言，一夫一妻制是維持情欲的基本要件。許多男人不了解一夫一妻制爲什麼如此重要；爲何女人非單戀一枝草，才會覺得受到疼愛。其實那是因爲信賴是勾動女人情欲的基本要素，女人若感受不到愛，就很難繼續對男方釋出自己。

男人若想在夫妻制度中體驗熱情，也必須滿足自己的特殊需求。男人一開始很容易欲火中燒，但未必能持之以恆。光是愛一名女人並不足夠，男人必須能從她身上感受到自己的魅力和她的無所保留，同時還要感知她願意與自己共創美好的性生活，不必苦苦求歡。女方的柔情、開放與熱力，能鼓舞男人熱情不滅。

二月二十一日

壓力下的兩性

男女之間，若有一方期待對方跟自己抱持同樣的想法、感覺和行爲，問題就會浮現——因爲兩性對愛的表達方式截然不同。

由於男女在面對壓力時反應不一，於是造成了雙方的誤解。男人容易把心力投注在解決最迫切的事務上，女人則是分神兼顧各種問題。

面臨壓力時，男人往往失之過窄，而女人則失之龐雜。

男人過於專注的壞處是，會因此忽略其他的責任；女人忙於分身的結果，則產生無法兼顧一切，以及難以決定輕重緩急的問題。

理想上，兩性關係應該能協助我們應付壓力。然而，雙方若不了解兩性的歧異，往往會誤解對方的反應而加劇問題。

女人很難理解，男人為什麼一心只顧著工作，無暇關心身邊的人。反之，男人也不了解，為什麼女人會對那麼多的問題大驚小怪。

了解了兩性之間的這點差別後，我們就不難明白，兩性是如何誤會彼此而妄下批判。當你認定對方應該跟自己抱持同樣的想法和感覺時，就很難靜下心來了解對方。無論我們多信守婚約，若是不能重新檢討這些成見，就不可能大幅改善兩人的關係。

我們錯誤地認定，伴侶應該跟我們抱持相同的看法與感受。

男女最大的衝突起源於一個錯誤的基本假設：男女是一致的，其實兩性在諸多方面大為不同，就像兩個來自不同星球的人一般。如果你不了解兩性的歧異，所有培養愛情關係的努力都等於白費。

二月二十二日

做一點改變

欲改善兩性關係時，重大的改變多少會使人抑制自己的本性，使改變的成果打些折扣。此時若能做些微小的改變，則往往比重大的逆轉更能豐潤兩性關係，就像花園裡的種子，即是透過一連串細微的變化而漸次茁壯。

比如說，男人在獨處前，若能向女伴保證，自己一定會回到她身邊，就是一種不改本色的小變化。他必須了解女人需要男人的保證，才能改變作法，撫慰對方，否則他就會很難理解，爲什麼自己突然不想講話時，女方會那麼憂心如焚。

男人獨處前，若能給女伴些許撫慰，便會得到極爲不同的效果。

男人避居在自己的世界裡，或沉默下來時，意思是：「我需要一點時間來考慮這件事，請別跟我說話，我待會兒就好了。」卻不知道女人會解讀成：「他不愛我；他受不了聽我說話；他走了就永遠不會再回來了！」男人可以學著對她說四個神奇的字：「我會回來。」以免她誤會。

二月二十三日

感覺不等於事實

男人在表達情緒時，比較像在陳述一件他認爲眞實、但缺乏許多佐證的事；女人則截然不同。對女人來說，感覺與外界並沒有絕對的關係，那只是她們對外界的一種體驗而已。在女人眼裡，感覺與事實基本上是兩碼事。

對女人來說，感覺與外界並無絕對的關係，那只是她們對外界的體驗而已。

因此，男人在聽女人談論感覺時，就應該不時提醒自己，女人的感覺不等於事實，所以犯不著跟她爭執，或爲自己辯駁。如果她的感覺是負面的，不妨大方聽她訴苦，她會慢慢產生更多正面的感受。聰明的男人會用心去了解與體諒對方，而不是只會一頭熱地幫她出點子解決問題。

二月二十四日

牢記彼此的歧異

欲增進兩性之間的了解，厚實雙方關係，就必須牢記男女之間的不同，並以平常心視之。當你感到沮喪灰心時，請別忘了：

- 外觀未必反映事實；男女在面對壓力時，各有不同的反應。
- 你可以輕易開口的事，對方也許難以啟齒。
- 你覺得無所謂的事，在別人聽來或許非常刺耳。
- 對你有益的事，對別人也許是層累贅。
- 人們常用不同的方式來表達愛意。

二月二十五日

不要妳幫忙

女人請務必了解一點：男人其實需要愛的撫慰，需要妳的關懷和鼓勵，但討厭不請自來的建議，因爲這會讓他覺得，女方不相信他有化解問題的能力，所以才會把他當成孩子，處處想約束他、改變他。當然，別糾正或企圖改變他，也是一種幫忙的方式。

除非男人直接問妳意見，否則雞婆只會壞事。

男人只有在自己盡過力後，才會尋求別人的建議或協助。如果協助來得過多或過早，他會覺得大權旁落而惶惶不安，或變得懶散怠惰。男人的本能是除非對方開口，否則不會亂發議論。因此，男人在面對問題時會先試著獨力解決，倘若需要幫忙，自然會在面子與裡子兼顧的狀況下開口求援。

二月二十六日

不同的世界觀

兩性看待世界的方法，就像各自戴了一副不同的眼鏡。男人將眼神投注在遠方的願景；女人則將眼光放在遼闊的平疇上。換句話說，男人習慣把事務做系列性的串聯，慢慢建立起一副完整的架構，以擬出環環相扣的未來；女人則會本能地看到全景，再慢慢發掘其中的成分，並探索這些成分與整體的關係。這種方式講究的是前後關係，而非內容本身。其實這兩種看法都沒有錯。

兩性看待事物的方式雖然不同，但無優劣之分。

這兩種南轅北轍的方式大大影響了兩性的價值觀、看待事物的優先順序、本能和興趣。由於女性側重人際的關聯，自然就會對愛、人際關係、溝通、分享、合作、直覺及和諧比較有興趣；而專心致志的男人則喜歡化零爲整，因此對結果的追求、目標的達成、權力、競爭、工作、邏輯和效率的興趣極高。如果我們能尊重並欣賞彼此的差異，方能從伴侶身上受益。

二月二十七日

付出太多很正常

許多暢銷書常讓人以爲，付出太多是不正常的行爲。雖然付出太多確實會造成問題，但請別忘了，慷慨本身就是一種福氣。想感受愛，就得不斷付出自己。那些犧牲太多的女人，只是根據健康的女性直覺，毫無保留地去做罷了。

唯有當她無法在工作和個人關係中，獲得支持她繼續付出的力量時，這種無私的作法才會構成問題。

想改善付出太多的問題，就得勤於練習接受。

女人必須練習去要求對方的支持，才能彌補過度犧牲的問題。但是，大部分女人在成長過程中都沒有學到這項技巧，一般人只會教小女孩如何去取悅別人，而不是去享受別人的寵愛。因此，只知一味付出的女人若想求取平衡，就得練習多疼愛自己一點。妳能送給自己最棒的禮物就是時間；給自己時間，做自己想做的事。

二月二十八日

她需要肯定，他需要認可

男人若不再指責女人的感覺和需要，而能反過來予以肯定，她就會覺得被愛。男人的肯定會賜與女人抒發情感的遼闊空間，你可以肯定她的看法，同時也保有自己的觀點。女人知道男人肯定她後，必然報以他最需要的認可。

男人的肯定使女人成長；女人的讚賞使男人茁壯。

所有男人的骨子裡都巴不得自己是女伴的英雄或騎士，而她的認可就是一種最佳的認證。不過請記住一點，認可不等於贊同，那只是承認他有正常理由這麼做罷了。男人一旦得到認可後，就比較容易去肯定她的感覺。

三月

想像、經驗、保護

三月是汰舊換新、重生的月份。寒涼的冬末透露著一股清新的活力，我們也開始重新想像新的可能。不久前還隱匿無蹤的春息，轉眼間卻已鬧得繁花似錦。

這些初綻的嬌弱花卉，適足以媲為兩性關係：女人需要去愛與被愛；男人需要去供養與保護。她在他身上尋求愛與親密的感覺；他則意圖從她身上找到意義與目標。

春的降臨，喚醒了我們沉睡的感官和想像。許多男人會驚訝地再次體驗到濃濃的愛意與肌膚之親的喜悅；有些女人則因為春天浪漫的氛圍，再度感受到興奮的期待之情。

這些事使我們對細水長流的兩性關係心懷感激，因為激情可以及時培養，就像大自然得歷經寒冬的冰雪，才能於春季重新出發。我們的愛、希望與快樂，也經過了同樣的更新與再生。正當我們以為自己走到了絕處，卻又訝異地瞥見前方的柳暗花明。

三月一日

親密關係的四個層面

若想體驗真正的親密關係，你必須兼顧肉體、感情、智性與精神等四個層面。性愛使兩性產生肌膚之親；感情使兩人兩情相悅；對彼此的關懷與好奇，能激發智性的交流；無私的愛，則能使兩性產生精神的共鳴。如果我們在其中一個層面上貼近得太快，另外三方面卻無法趕上，也很難達成預期的效果。

因此，無論兩性還在約會階段，或是已婚多年，都得兼顧這四個層面，才能提升彼此的親密度，同時，若想維持某個層面的親密度，就得用心經營每一個層面。

三月二日

寶貴的二十分鐘

男人每週只要用三、四天的時間，每次撥出二十分鐘，把女伴當成他的優先考量，是他的頂頭上司與客戶，他的支持與愛便會對她造成深遠的影響，同時在自己回家後，也能獲得感激與接納。

在這二十分鐘裡，他應該像侍候老闆或大客戶一般，全心投注在她身上。

如果她累了或心情不好，他更應該堅持陪在旁邊，別離她而去；談話時也要試著了解她的感受和一天的作息，別亂出主意，只要表示同情，就能讓女方心情大好。這種受到專寵的感覺，能挑動女人的浪漫情懷，深深受他吸引。只要能摸清女方的需求，男人可以有效地讓女人重新找回自我。

三月三日　分享的過程

有時女人滿腹心事，想跟人談話時，卻未必知道自己想說什麼，或者需要更多的時間慢慢摸索，才能發掘自己想說的話。男人也有同樣的準備過程，只是他會先在心裡想清楚，做好結論，然後再公開去談。

反之，女人只想與人分享交流，享受共處的時光。對女人而言，溝通既是訊息的分享，也是人與人的交流，是一種快樂踏實的親密關係基礎。

對女人來說，溝通既是資訊的分享，也是自我的分享。

對女人來說，分享是一種漸進式的自我展露，也許她不知道自己想說些什麼；也許她需要受到引導，但無論如何，她都希望與人交流，產生聯繫，而且溝通是她與人交流的主要方法。

女人吐苦水時，就像把皮包亮給別人看一樣，她不希望別人批評裡頭東西太多，也不希望別人指責她連裡面有什麼都不曉得。如果此時伴侶能尊重並專心聆聽她說話，她便會放心掏空皮包（其內在感情）。等所有囤積的東西出清了以後，她會覺得更實在、更願意去愛，同時感激伴侶的支持。

三月四日

浪漫百分點 ★

女人覺得，男人若能幫忙安排約會、處理票務、開車，並料理大大小小的事，其實就是一種浪漫。當男人負責打點各種事務，讓女人輕鬆享受被照顧的感覺時，她會覺得彷彿度了一場短假，而且不久就能重拾女性的魅力。

對女人而言，浪漫就像一場短短的假期，能讓她回復原有的女人味。

對那些怯於分享自己心事的女人來說，浪漫的幫助尤甚。在浪漫的約會中，女人就算不談心事，依然能感受到男方對她的愛慕與支持，而且她有選擇談話或沉默的權利。

男人的浪漫行爲是對女人的認可、了解與尊重。這些行爲跟談話一樣，都能讓女人有被支持、被了解的感覺。

三月五日

引導她

男人請了解一點，女人其實非常渴望能拋開一切，輕輕鬆鬆拜倒在一個能支持照顧她的男人腳下。這是女人私心的渴求，男人若能支持女人這點想法，就能獲得她的愛。

女人常誤以爲自己要求太多，怕對方無法接受，而不自覺地替之以錯誤的需求，結果反而忙著滿足別人，把別人的快樂當成自己的幸福，而忽略了自己的需要。從某個角度來看，你也可以說，她成了自己期望中那個能滿足她的理想男性。

女人會否認自己的需要，用付出和犧牲來補償心中的缺憾。

一旦了解這點，對兩性都非常有益。當女人扛下一切責任，不肯承認自己做得太多時，其實就表示她需要別人拉她一把，才能活出自己。傳統的浪漫儀式都是由男人來照顧女人，男人可以藉助浪漫的行爲，協助女伴安心且自在地付出與接受。

三月六日

察覺自己的缺失★

男人面對壓力時，若得不到需要的支持，性情必然丕變。受傷的男人會變得退縮、無禮且冷漠。同理，女人若得不到關愛，缺點也會一一浮現。當她失去平衡，就會變得僵硬、固執而多疑。

受傷的男人會變得冷漠無禮，缺乏關愛的女人則會變得固執而多疑。

唯有覺察自己的缺失，才能動手改善負面的態度。在自己改變之前，應盡可能避免期望伴侶會先做改變。我們若能藉由自己、朋友、家人和宗教的力量，要做改變就不再那麼困難。一旦能夠感受到更多的愛，我們才能爲伴侶付出更多。

三月七日

聆聽的藝術

在美好的兩性關係中，最重要的一個條件就是，雙方能天南地北、沒有特定目標地亂聊。在這種隨興的分享過程中，女人可以慢慢擺脫掉職場上的霸氣。

在家中無拘無束的分享，可使女人重拾職場上所缺漏的女性特質。

如果聆聽者能從女方漫無邊際、坦誠率眞的談話中，了解她的心思，點出她的問題，幫助會非常大。因爲就算問題無法解決，她的心情還是會好很多。

大部分男人很難了解，爲什麼女人可以把問題丟在一旁——因爲男人拋開問題的辦法，就是絕口不提，否則多想多煩。男人會主動討論問題時，通常是想尋求解決辦法，他並不了解，這種訴苦而不尋求解答的作法，對女人來說有多麼重要。

男人傾向不談，女人卻不談不快。這種南轅北轍的作風，實則是最完美的搭配，只是需要一些新技巧來揉合。若欲培養聆聽的技巧，男人必須了解一點，女人不開心時，若表現出一副想尋求解決辦法的樣子，千萬別上當，那只是她的男性特質在作祟而已，只要你別亂發議論，就能幫她尋回陰柔的一面，女方也會慢慢釋懷。

三月八日

讀透對方的心

兩性間的誤會，泰半肇始於對彼此的誤解；而最常見的一種誤解就是：自以爲能讀透對方的心。事實上，男女根本就不了解，彼此的差異到底有多大。

的確，女人通常能精準洞悉其他女性的想法，因爲她們彼此十分相似。同理，男人也能正確讀透其他男人的心。可是一旦兩性彼此揣測，問題就來了。

男女誤以為自己能正確詮釋或揣測對方的心意。

例如，男人在對談中，有時會認定她跟男人一樣，能夠一語道出重點，於是在她把話說完之前，就表示：「我懂了，我懂了。」這一招對付別的男人可以，套在女人身上卻荒謬至極。他絕對無法猜到她想說什麼，因為很多時候，連她自己也搞不懂自己要講什麼——女人必須藉由分享的過程，來發掘心中的感受、想法或渴望。

男人必須了解一點，假如女人需要談話，而他也想支持她，就別把聆聽的目標設在猜出對方心意之上，而是應該協助她把心事釐清。她若能暢所欲言，抒發心情，說不定講到一半，觀點就變了，甚至還會自問自答哩！

三月九日

恢復女人味

現代女性在白天得擔負傳統男性的工作，被迫展現自己剛強的一面。所以女人若想放鬆心情，就必須得到男伴的協助，才能恢復原有的溫柔。

浪漫能使女人恢復溫柔的一面。

浪漫能使女強人變成被呵護疼愛的小女生。當男人熱情而專注於滿足她的需求時，她便能釋出照顧別人的母性。對她而言，想維持浪漫，就得擁有良好的溝通；至於對他而言，則還得加上良好的性關係。

三月十日

女人的煩惱

女人心情大壞時，會需要時間來摸索內心的感覺，然後才能散發她關懷、接納與信賴的一面。若是無法釐清心中的感受，她會變得煩惱不安、反應過度，搞得自己身心俱疲。走到這種地步後，她又需要更多時間來找到平衡點。

缺乏能和自己分享的伴侶，女人會覺得責任沉重無比。

看到女人不高興或不知所措時，男人的反應通常是批判與責怪，但她需要的其實是聆聽與支持，而非糾正或解決辦法。所以，男人必須努力壓抑給她建議或分析的衝動，同時明瞭此舉會在不自覺中傷害女伴，最後自然就會變得更體貼，更懂得尊重她。

三月十一日

讓性更美好

許多男人在嘗到兩情相悅、心意相契的喜悅時，往往十分驚詫，原來心靈的相通與肌膚之親同樣令人快樂。因此，男人和他的女伴若能在身心靈上都有一定的契合，他就再也離不開她了。

一路攜手相伴走來，性愛會變得更盈滿圓融。

縱使結婚多年，也要偶爾提醒自己，跟一個相知相惜、傾心相愛的人做愛，是何等的樂事。如果能在了解對方的優缺點後，依舊深愛彼此，這才能體會愛的眞諦。

在性生活上敷衍了事，就像捨棄大餐而選擇垃圾食品。所以你為什麼要委屈自己？也許你得多花一點時間和精力，但必能獲得堅實而持久的關係。變化多端的性生活是非常重要的，無論是在浪漫的夜晚親熱溫存，或是趁空速戰速決都可以，當男人覺得女方跟自己一樣熱中性愛後，就會更樂意坦露他的感情。

三月十二日

壓力與冷漠

男人的工作壓力愈沉重，在家裡就愈顯得冷漠。別人跟他說話時，也許他會拿起雜誌來看，這不是蓄意要羞辱對方，也不表示他對妳沒興趣，他只是無意識地拿起雜誌，好讓自己不用專心聽妳說話而已，因為他的心思還停留在工作上，而看雜誌或電視，只是一種拋開壓力的手法。

事實上，妳可別太跟他計較，倒不如好聲好氣請他專心聽妳說話，如果他的心思又飄掉了，妳不妨停下來，直到他發現妳在等他回神為止。請記住，他的不專心是一種壓力的表徵，並非不愛妳，女人一定要懂得堅持。

此外，性愛能讓男人紓解工作壓力，即使只是匆匆辦事或在淋浴時打手槍，都能讓男人暫時卸下煩惱，把心思調回女伴身上。如果女人能不斷滿足男人對性的需索，應該也能在其他時候，懂得開口要求對方，對自己投以浪漫的關注。

三月十三日

給她十五分鐘

人在氣頭上常口不擇言。女人在吐苦水時，大概得等上十五分鐘後，才會想起剛才自己說過什麼話，然後才開始感激男伴的支持，覺得：「我眞的把氣發洩在他身上了，而且他還對我這麼和顏悅色，他好體貼，好棒哦！我能爲他做什麼呢？」

女人有時得過了十五分鐘後，才懂得感激男伴的聆聽。

如果男人說出「這有什麼意義？」「我們簡直是在浪費時間！」或「如果這辦法沒用，幹嘛自找麻煩？」之類的氣話，一切努力都等於一筆勾消了。這就像送禮後又討回來一樣，對女人來說，這種反應比不幫忙還糟。

女人在氣頭上是很脆弱的，男人若點明她的失誤，或跟她抬槓，就很難讓她看清自己的錯誤，她也無法發洩負面的情緒。

三月十四日

男人的自信

男人的自信可以傳染給女人，讓她放輕鬆，相信自己能得到所需。男人缺乏信心時，女人也會開始跟著擔憂，致使陰柔的一面變得緊張慌亂，不敢放心接納對方，同時開始發揮自己剛強的一面，以求自保並得取所需。

男人的自信使女人能安心接受他的支持。

自信不代表完美，也不表示他握有一切答案；那只是一種篤定的態度，知道無論發生什麼事，總有辦法解決，而男人的自信態度可以讓女人對未來放心。

三月十五日

意見的形成

若能了解兩性在意見形成過程中的差異，就能免去許多無謂的衝突。

一般說來，女人思考及決策的時間比較長，她會慢慢考量各種看法，並蒐集所有可用的資訊，並委婉地讓別人知道，一旦做好決定，就會堅持到底。

男人的方式則恰恰相反。他會依據自己所知，很快地提出看法或結論，然後大肆宣揚，再透過各種反應，重新評估其正確性。如果別人同意他的看法，他會覺得更篤定；倘若別人持有異議，他也許會權衡得失，再修正自己的觀點。

在形成意見的過程中，女人比較會廣納別人的觀點。

在這種情形下，女人常誤會男人，覺得他也不先徵詢她的意見，就驟下結論。他那種信誓旦旦的作風很容易讓人覺得，他根本不想聽她的看法，所以她的心裡會覺得很受傷，自認遭到排擠。

因此，如果能夠了解兩性在作風上的差異，我們便可以更尊重異性、整合彼此。成熟的男女在意見形成與決策的過程中，會懂得分享的重要，同時也知道尊重自己的看法。這種開明而尊重的態度，有助於兩性避免衝突。

三月十六日

情緒性的自我防禦

現代男性在聆聽女性說話時，骨子裡那種保衛自己、捍衛家園的戰士本能常被喚起。不過，如果戰士想在沙場上馳騁，就得先學會閃躲的技巧，才能殺敵致勝。

男人聆聽女人說話時若不懂得閃躲，必會一再受到她言語刺激，覺得自己被批得體無完膚。無論他多麼愛她，被戳上三回後，恐懼的情緒就會使他很難靜下心來聽她說話，兩性戰爭於焉開打！

男人若不懂得閃躲女人攻擊性的言詞，就無法用支持的態度面對女方。

被女人的話刺傷時，男人在本能上會去威脅或報復對方，一旦這些防禦性的反應決堤而出，最後不是爭吵，就是在感情上撤兵，以免自己的侵略行爲傷害到她。

其實男人應該牢記，所有情緒都是過眼雲煙，所以實在不必太在意她的批評。如果你能聆聽女人的負面情緒，就等於是給她機會發掘心中的正面感受，而女人也會報以正面的評價。

在男人學習閃躲攻擊之際，女人則可以學著在分享自己的負面情緒前或期間，先停下來幫男方做點心理準備，告訴他：「我知道這話聽起來像抱怨，不過我希望你明白，這不全是你的錯，我眞的很感謝你肯聽我訴苦。」

如果妳發現他的臉開始拉長了，不妨停下來說：「我可以了解你爲什麼不高興，雖然事情看起來並不像我說的那樣，但是讓我吐吐苦水，會讓我心情好很多。」這些話對男人很受用，也能幫助他冷靜下來。

三月十七日

男性的偏狹

男性的專心致志可以爲他們帶來效率與決心，但也可能使他們輕忽別人的需求，枉顧那些次於主要目標的重要事項。結果，當男人全心投注在一項工作或問題時，往往會忽略周邊環境、家庭、人際關係中的問題跡象，甚至是自己日趨惡化的健康。

專心志業的男人暫時不會感受到痛苦或傷害，也不會覺察別人的苦痛。他會下意識地否定跟目標無直接關聯的重要需求，假若妻兒不快樂，他會覺得他們不應該有這種感覺。這種否定的態度對別人傷害甚深，對人際關係也極具破壞力。

男人一卯起勁來做事，常會忘記自己拚命工作的目的。

男人在重重壓力下若犯了偏狹的毛病，解決辦法不是換工作，也不是藉助酒精或藥品來粉飾太平，而是創造必要的感情支持，評估自己眞正在乎的事項與價値觀爲何，同時回想當初自己爲何拚命工作。

若能牢記妻子和家人的需要，多陪陪他們，反而能使你在工作上發揮更多的創意。有時男人在爲家庭付出之前，必須先給自己一點時間，去獲得鼓勵，從事自己愛做的事，而不是一心想著工作。等感覺回來了，男人自然會願意多陪伴心愛的家人。

三月十八日

學會好聚好散

若想找到適合的另一半，就像在靶場射箭一樣，得花很多時間練習。有些人能一次中的，但大部分人都沒這份運氣。同理，大多數人在找到另一半前，都會有幾次的交往經驗，有些人則因爲方法錯誤，繞了更長的路。因此，若能仔細檢視射靶的方法，應該就可以看清自己的問題。

想像你張弓一箭，結果偏左沒射中靶心，知道自己瞄得偏左後，下次自然會調往右邊。經過不斷的練習與修正，最後必能射中紅心。兩性關係也是如此，每次發現彼此不合，就會做自我修正，下次找到的對象也更臻理想。

因此，當一場關係結束時，千萬別唉聲歎氣，而是應該感激能有這樣的機會，得以去尋找眞愛。你若能原諒舊愛，好聚好散，下次命中目標的機率也會大幅揚升。如果我們承認對方並不適合自己，原諒就不再那麼艱難。

好散向來是好聚的開始。

在兩性關係中，我們若能諒解對方的錯，就能再次擁抱愛。懂得愛的人，才能給別人付出愛的機會，而且原諒伴侶，也等於是在修正自己的期許，以接納伴侶的缺點。這種無私的愛是一種挑戰，正因如此，我們和伴侶才能展現出最好的一面。如果能學習原諒伴侶，包容對方的缺失，兩人必能一起在愛中成長。

三月十九日

積極與被動

「追求」基本上可分成兩種：一是積極的追求，另一是被動的追求。積極的追求是想爲對方做事；被動的追求則是希望對方爲你做事。

這兩種方式對雙方都有互惠的效果。當男人積極對女伴表示興趣，通常也會使她被動地表示好感；假如女方對男人被動地表示有意，通常能鼓勵他積極表示追求。

女人對男人被動地表示好感，會鼓舞他積極追求她。

因此，女人在付出時，千萬別「入不敷出」。男人得到的若多過自己的付出，往往就會變得過於被動，不再積極追求女方。

三月二十日

女人的責任

縱使女人比男人清楚兩性關係需要什麼，還是不能就此把問題全推給她去解決。不過，女人仍有責任以兩種主要的方式，來滿足自己的需求。首先，她必須跟伴侶表達自己的需要與願望，而且語氣不能太壞。第二，她必須善用各種資源來滿足自己的需要，不能一味怪罪或仰賴對方。

三月二十一日

春之愛

戀愛有如春天，讓人覺得可以一輩子活在醉人的濃情裡，無法想像自己會有失戀的一天。熱戀中的人特別天真爛漫，愛似乎永無止境，看什麼都順眼得不得了，兩人會欣然共舞，歡慶美好的未來。

在愛情的春光中，戀人會覺得彼此是天作之合。

經過酣甜醉人的春日後，我們面對的是炎夏的試煉，接下來才是富饒的秋收時節。夏日裡，我們似乎喪失了愛的神力；但在秋季裡，卻又再度體會了情深義重的眞愛。

然而，正當我們覺得一切無虞之際，冬天的愛又悄悄降臨了。此時愛情似乎已經遠走，但其實只是暫時性的。我們不該仰靠伴侶來滿足自己，而應探向內心深處，將愛注滿。此時也是我們放下所有怨懟、好好疼惜自己的時候。

當愛盈滿心房，我們就能再次驚覺到春天的復返；圓融盈溢的心境，能使我們感受戀愛的狂喜。記住這些美好的時刻吧！它們是支持你度過炎夏與寒冬的良方。

三月二十二日

女人的重擔

女人天生懂得觀察別人的需要，可惜這份直覺未必是福氣，特別是在面對只顧自己的男伴時，覺察問題的重擔反而會落在女人肩上。

男人若無意分擔這項責任，女方會誤以為對方滿意現狀，萬一他像個沒事人似的，她卻處處看到問題，她就會覺得自己要求太多，或是認定他根本不在乎、不想改變。

她看到了各種問題，可是他卻像個沒事人似的，女人會覺得壓力更重。

如果男方無意聆聽或正視問題，則女性敏感的覺察力會成為她的一大負擔。男方若否認她的需要和看法，她就會覺得承擔問題的責任非她莫屬，而備感孤單無援。這也難怪男人對問題視而不見時，女人會那麼火大了。

了解男人通常只看一點的毛病後，女人可以肯定一件事——男人的心滿意足，其實是因為看不到問題所致。假使他能覺察到問題的存在，必然也會不開心，或是會受到刺激，設法改善。

其實維護良好的兩性關係，男女雙方都有責任，只是扮演的角色並不相同——女人天生就比較容易覺察到兩人的需求與問題。

三月二十三日

從錯誤中學習

男女在約會時，若認定每場關係都相差無幾、都不會有什麼改變，自然就會有所保留，不願涉足太深。

其實這種狹隘的想法，不僅扼殺了對方的成長，更使自己滯留不前。如果我們把自身的幸福依附在對方的改變上，兩人都會受到拖累。改變關係最好、也是唯一的辦法，就是致力於改變自己。

記取教訓，才能改善關係。

所謂兩個巴掌才拍得響。其中一個人做了改變，必然會牽動關係的互動。改變是可能的，但一定要身體力行。如果只想藉由改變伴侶來改善關係，你絕對收不到效果。

三月二十四日

女人畢竟是女人

雖然現代女性獨立而堅強，但是，女性的本質依然會促使她們尋覓能保護並供養自己的強碩男子，只不過角度稍微有些不同罷了。

現代女性要的是一個能提供她感情空間、讓她安心自在的男人。男人若肯心平氣和聆聽女人訴苦，非但能博取她的感激，更能深得她的青睞。

男人需要新的力量與技巧，才能給女性感情上的支持。

若是懂得閃避女人言語中的不遜，男人就可以不動肝火，創造一片新的天地，將愛侶安置於其中。這種新的能力不單能幫助女伴，也能使男人從她身上得到渴望的愛。

總之，安全感是現代男人可以送給女性的最佳好禮。如何提供女伴情感上的安全感，是一種漸進的學習過程，只要女伴慢慢肯信賴你，自然會更愛你、更包容你。

三月二十五日

什麼能讓女人快樂？

女人若相信自己的需求可以獲得滿足，就會很快樂。女人在生氣、困惑、疲累或無望時，最最需要的，其實只是一個伴侶。她需要覺得有人陪著她、愛她、寵她，男人的體諒、認可與同情，都會讓她由衷感恩。

面對壓力時，女人需要有人相伴；男人卻需要獨處的空間。

在分享的過程裡，她會感到伴侶的疼愛而心滿意足，疑慮與不信任也會慢慢掃除，不再把什麼事都攬到自己身上，因爲她值得被愛。

三月二十六日

攜手同行

即使無法一次滿足所有需求，女人也能覺得滿意。其實約會本身，就是一種漸次滿足女性需求的過程。女人必須對未來的感情生活抱持信心，才會心滿意足。同樣地，男人也不必馬上滿足所有的性需求，他需要的是一種希望，希望兩人能朝那個方向邁進。

男女雙方只要知道，兩人是朝著同一目標前行，就會感到心滿意足。

當男方對女伴表示支持時，其意義並不亞於實際的幫忙——因爲她在感情上不再感覺孤單。男人爲女人付出時，不僅能激勵女方，自己也會覺得若有所成，同時兩人也會因此而更確信，彼此是一同朝著正確的方向前進。

三月二十七日

開口要求

女人在兩性關係中，最大的敗筆就是放棄表達需求的權利，埋頭默默打理一切。就短期而言，這種作法確實比較容易，但長遠來看，此舉反而無法建立必要的溝通與了解，最後女人只好包攬一切，誤以爲男伴不想幫忙或參與。

事實上，男人並不是討厭幫忙，而是因爲只顧著自己的事，忽略了別人的需要。因此，只要妳願意開口，即使在動手幫忙前，男人難免還是會先經過一番掙扎，妳只要不予理會，他就會乖乖再度融入兩人的關係。

女人常誤會男伴不肯幫忙。

當女方不再排斥或猜疑男伴只顧自己，改以關懷與信賴的態度跟他談話，他就能覺察她的需要，進而再度去關心她。

三月二十八日

自信的女人

有些女人天生具有自信，就像某些歌手天生有副好嗓音一樣。然而對大多數女人來說，自信是需要培養的。不過，其實只要有機會發展運用，每個女人都有自信的潛能；只要能體驗自信的風采與感覺，便不難找到它，並予以表達。

自信的態度需要練習與培養。

自信是一種態度——相信自己可以一步步達成所求。自信讓人勇於接受協助，毋須事必躬親。不過，女人一旦太獨立、太自以爲是時，反而不見得知道別人願意幫忙，以致最後只好凡事靠自己。因此，若能致力培養適當的自信，她不但能夠坦然接納別人的支持，也不至於把自己孤立起來。

三月二十九日

切勿放棄自我

如果爲了博取對方的愛，而壓抑自己的想法、感覺與行爲，熱情終有淡去的一天。

委屈求全不僅會削減熱情，更扼殺了愛。

每次爲了愛而委屈自己，就等於是在告訴自己，原本的你並不夠好。每次你試著去糾正或改變伴侶，也等於是在告訴他，他不値得你愛。

藉愛情之名，而行抑制自己或改變伴侶之實，其實是一種畸形的愛。健康的愛應該是自由、眞誠且相濡以沫的，假若爲了對方而放棄自己的本色，這絕非眞愛。

了解彼此的差異，可以讓我們更包容，兩性必須從這個角度出發，才能成功發揮創意，解決問題，讓雙方在保有自我、不犧牲個人需求的狀況下，去支持對方。

三月三十日

談性的最佳時機

男人若在做愛途中，問女方想要什麼，實在是很煞風景的事。男人最好在做完愛，或其他時間問這個問題。女人在行雲雨之歡時，不會想談自己的需求，她只希望好好體驗愛，在性中悠遊。

男人如果想打探女人在床笫間喜歡什麼，最好仔細聆聽她做愛時的反應。男人喜歡女人說出她的感覺，這樣他才知道如何去滿足她。女人若能用言語表達自己的感受，也許更能享受性生活。

三月二十一日

自信的女人最美

女人的態度可以勾動男人的欲火，也可以令他倒盡胃口。女人開口時，若能充滿自信地認定，男方一定會對她的話有興趣，男人往往就會表以尊重，同時也想聽她說些什麼。即使對她的談話內容興趣缺缺，他也會豎耳聆聽。

女人必須牢記，自己是顆寶石，而男人是那個讓她發燦生光的底座。

只要她眞是一朵紅花，男人其實很樂於當陪襯紅花的綠葉。換句話說，相信自己魅力的女人，往往更能吸引男人。

四月

熱情、勇氣、寬恕

四月是充滿可能的月份，包括寬恕在內。有了寬恕的勇氣，我們可以重新找回自己的熱情。在慎重檢視內心情緒、學習拋開負面想法後，你將更能感受到正面情緒的復甦，也因此點燃了愛侶間共享的熱情。

憤怒與抗拒會使你與愛情擦身而過。因此，唯有找到釋放負面情緒的勇氣，才能發掘愛與寬恕的真諦，這也是創造真愛的基本要素。愛需要勇氣，人生最可悲者不是失去所愛，而是不懂得打開心扉，再度擁愛入懷。

四月一日

道歉與原諒

男人若能努力修正自己，表示體貼，女人也能致力改變自己的態度，不去計較他的錯，兩性關係自然能夠成長茁壯。在一個接納與寬恕的環境裡，男人會更願意承認錯誤，並透過自我修正的方式來成長。

當一方表示道歉時，另一方會比較容易去原諒。同樣地，你的寬大爲懷，也會讓對方願意負起責任，表示道歉。男人若覺得女方不可能原諒他，就很難要他俯首認罪了。同樣地，男人愈不肯道歉，女人就愈難原諒他。在缺乏對方合作的情況下，只有單方面的付出，絕對無法長久。

道歉與原諒是唇齒相依的。

男人能做多少自我修正，得視對方的包容力而定。男人若覺得受到伴侶責罰，便很難對她的需求表示體貼。不過，一個肯道歉的男人不僅能讓女人開心，也能從她身上獲得自己最需要的信賴、接納與感激。

女人若能練習寬恕，可以讓男人和自己展現最好的一面。懂得包容的女人能將愛發揮到極致，所以不妨勇敢點，原諒對方，妳將能打開塵封已久的心門。

四月二日

莫怨尤

女人發現自己犧牲太多時，往往會將她的不快樂歸罪到伴侶身上，覺得心裡不平衡，憤恨難消。

不過，女人之所以會無止境地付出，其實不能全怪男方。同理，男人若吝於體貼，也不該怨女方態度欠佳。怨懟，絕不是解決這兩種問題的辦法。

其實，即使女方並未開口，男人還是可以表示同情與支持，毋須一味埋怨她的態度惡劣。縱使她的話乍聽像是抱怨，男人也要用心聆聽，同時爲她做點什麼，對她表示關懷，並誘導她學習信任與坦誠。

此外，女人也別只顧著怪他不肯付出，而應該學著原諒、接納男伴的缺失，相信他有心付出，同時藉著不斷要求、感謝他的支持，引導他去體貼自己。

女人必須牢記一點，想擁有良好的兩性關係，不必只求付出，不求回報。男人明白她的極限後，自然會主動做得更多，產生一個合乎效益的行為模式。女人若能覺悟，自己必須在一定的範圍內多愛自己一些，便會嘗試用新的方法來要求對方的支持，並進一步原諒對方。設定界限後，女人才能慢慢學著放鬆與接納。

四月三日

女人與性

過去，性是一種女人滿足丈夫的主要方式，那是為了丈夫，而不是自己。如今節育觀念大行其道，社會上也更能接受女人有性需求的概念，婦女因此擁有更大的空間，去探索與享受性生活，同時性欲的增長，也反映出她們對內在平衡及重拾柔情的需要。

在面對現代職場的強大壓力，男女均需要彼此的奧援，也因此必須學習新的關係技巧，才能攜手解決兩性的問題。

美好的性生活，對兩性而言都是一大滿足。

男人溫柔的撫觸，可以讓女人感到自己的可貴；男人的熱情與全心的呵護，更能滿足她對愛的狂渴。當她再次體驗到自己最溫婉柔美的一面，壓力也就暫時拋諸腦後了，因爲那種愛與被愛的感覺，使她心滿意足。

四月四日

靈魂伴侶的挑戰

靈魂伴侶是最能引發我們優點的人，這也表示，我們得先攻克自己在婚姻中所有的負面傾向，包括挑剔、自私、埋怨、霸道、依賴、頑固、鄉愿、疑心、沒耐性等。

靈魂伴侶不是完人，但卻最適合你。

靈魂伴侶能提供機會，讓我們超越自己的種種缺點，當缺點浮現時，若能從愛的角度來化解問題，愛就會變得更堅實、更寬厚，心靈也能在這個過程中化蝶飛舞。

四月五日

你「性」福嗎？

以愛為基礎、且愛能不斷增長的性生活會十分美滿。女人若能獲得男伴的感情支持，性生活就能更圓滿，但男人一定得了解女伴不同的性需求才行。

對男人而言，美好的性生活，就是能在床笫間滿足自己的女人，因此他得在兩性關係及床笫技巧上同時下功夫。

四月六日

壓抑負面情緒

如果你對所愛的人有所隱瞞，不肯據實以告，最後你便會保留自己的愛。經過一段時日的隱忍後，回首前塵時，你會不禁懷疑：「過去那種快樂幸福的感覺哪裡去了？」答案是，愛情已被層層密而不宣的情緒封住了。

壓抑負面情緒，也等於抑制正面的情緒。

壓抑負面的情緒（憤怒、難過、恐懼與悲痛），絕不可能使正面的感情維持鮮活；當你故意麻痺那些討厭的情緒時，同樣也會限制其他的感受，於是所有人際關係中的熱情就漸漸被你扼殺掉了。

四月七日

磨練技巧

愈來愈多的夫妻寧可離婚，也不願維持一場索然無味的婚姻。那種男人在外偷腥、女人必須守貞的舊體制，也不再被兩性所接受。此外，愛滋和其他性病的蔓延，也使得婚外情的風險高於以往。

現代的男人希望伴侶能重視性生活，維持他的熱情。然而，若想達成這項目標，男女雙方都得在床笫技巧上力求精進。女人只有在感受到伴侶的珍惜時，熱情才會被挑動；男人則除非覺得女伴對性表示高度興趣，否則也很難產生激情。

四月八日

拋開負面情緒

拋開負面情緒，感受純然的愛與寬宥，是個人成長的基礎。當你不再付出愛的時候，最苦的其實是自己；當你只有滿腔的憤恨時，錯失愛的人也是你。因此，假如你願意克服負面的情緒，張開雙臂去擁抱愛，你才能成爲贏家。

深入探索並治療負面的情緒，就等於再度開啓了愛的源流。表達不滿不是懦弱或失敗，反而是堅強的表徵，這表示你決心化解阻撓愛的負面情緒。

四月九日

讓熱情延續終生

兩性若能互敬互愛，各自發揮，就能使熱情維繫不墜。不過，男女雙方若是變得太過相似，彼此之間的吸引力或浪漫因子往往也就消失無蹤。和一個跟自己一模一樣的人在一起，老實說是有點無聊。所以，爲了讓熱情繼續燃燒，你就必須努力維護彼此的歧異，同時漸次融合兩人的特質。

熱情是兩性關係的開始，通常這表示對方吸引我們的，正是我們自身缺乏或較弱的特質。例如：如果對方的溫暖吸引我們，很可能是因爲我們潛意識裡的溫暖特質亟欲抬頭，想獲得完整圓滿的感覺，所以才會深受對方的吸引。因此，當兩人彼此相愛，就等於擁有了一起成長、讓熱情延續終生的機會。

四月十日

月亮與太陽

女人的性生活，總是在陰晴不定中擺盪。她就像月亮，有時月圓，有時月缺。女人的心情若處於弦月或半圓月階段，那麼縱使男伴是個大情聖，她還是與高潮絕緣。不過，即使無法達成高潮，她還是能從性愛中獲得滿足。

男人在這方面就不同了。他就像太陽一樣，每早掛著一臉笑意東升，男人想發洩性欲時若無法達到高潮，通常是很難滿意的。

男人像太陽一樣，每早掛著一臉笑意東升。

女人的性週期往往持續約二十八天，有時她處於滿月期，有時是半圓月期，有時則在弦月期。在每個階段及各階段的銜接期間，她對性的要求都不一樣，而且你無從預測她此刻處於哪個階段，因爲即使連週期本身的長短，每個月也都會有變化。

對女人來說，性高潮，或滿月式的性，就像去看一場煙火展；半圓月期間的性則像在悅人的春天到郊外踏青；即使是弦月期的性，女人仍能獲致有如酣睡一夜後的甦醒，爲男伴達到高潮而感到高興。所以男人請記住，女人不一定每次都得達到高潮才會感到滿意。對女人來說，彼此之間的親密與感情交流才是重點。

男人如果無法了解這點差別，就會因爲認定女伴未達高潮而十分掃興，最後甚至連自己也會提不起勁了。

四月十一日

別亂發問

女人如果只會像連珠砲似地質問男人：「爲什麼不想做愛？」不僅會立即讓他倒盡胃口，就連往後可能也很難再提起興致。以下是男人沒性趣時，千萬別問的問題：

「你以前性欲不是很高嗎？你哪裡不對勁了？」

「你不再想跟我做愛了嗎？」

「你覺得我變胖了嗎？」

「你還喜歡我嗎？」

「我不再吸引你了嗎？」

「你還愛我嗎？也許我們應該好好談一談。」

「我們到底還要不要做愛呀？也許我們應該找顧問談一下。」

「今天晚上你一直瞄別的女人，你不想跟我在一起了嗎？」

「你寧可跟別人在一起嗎？」

「是不是我做了什麼，你才不想跟我上床？」

「你爲什麼不想做愛了？」

當然了，有時問這些問題未必不妥，不過，最好別在妳剛寬衣解帶、而他卻疲倦地轉身避開時提出來。妳不妨採取不慍不火的方式向他表示，如果他有興致，妳很歡迎他來找妳。

四月十二日

性的重要

一般說來，男人較重視性；女人則較側重浪漫的感覺，可是我們通常都不了解這是爲什麼。如果兩性無法深入了解這項基本差異，女人就會經常低估性愛對男人的重要性，甚而斷章取義，批評男人心裡只有歪念。

女人若能了解，男人爲什麼經常一副色急的模樣，態度便會慢慢開始軟化。若能從歷史的發展及社會環境的角度，去深入探討兩性的差異，女人會比較明白，爲什麼性欲是許多男人探觸及了解愛的管道。

對男人而言，他是藉由性來打開心扉，體驗愛與對愛的渴求。諷刺的是，讓男人覺得對愛有需求的是性；而挑逗女人情欲的，卻是男人給她的愛。

四月十三日

如何避免爭吵？

兩性相處，難免會有意見不合的時候，但其殺傷力遠不如劣質的溝通方式。理想上，爭執只是各抒議論的對談，並不是為了要傷害對方。

老實說，大多數夫妻剛吵嘴時都還有點理由，可是最後往往變成為吵架而吵，甚至在不知不覺中開始傷害對方。原本只是一場無傷大雅的爭論，到頭來竟成了呼天搶地的大鬧。其實只要雙方能了解、接納彼此的不同，應該不至於如此。

在爭吵中，我們會因爲拉不下臉，而拒絕接受或了解對方的觀點。

如果你想化解爭執，就不能固執己見，而應融入對方的觀點。對方的感激與尊重，也可以讓你變得更寬容。如果對方一副咄咄逼人的樣子，硬逼你接受他的觀點，結果反而會有損你的自尊。

事實上，兩人只要關係愈親密，就愈難平靜、客觀地聽取對方的意見。為了避免遭受指責，我們自然就會抗拒對方的看法，有時就算心裡同意，嘴上還是死不承認。其實只要你願意放緩步調，用心聆聽，必能使伴侶也靜下心來，聽聽你的心聲。

四月十四日

延後談心時段

夫妻吵架時，如果男方爲此生氣，我建議女人最好讓他獨自好好想想，等他冷靜下來後，再一起討論他到底在煩什麼。如果是女方不開心，而男方也能不動肝火，聽她訴苦，那麼倒是可以主動邀她說話，問她問題，讓她傾吐怨怒。

不過，由於現代男人的性格比較傾向中性，因此有時煩惱或不高興時，也會想跟人聊聊。但聰明的女人會懂得把談心的時段延後，這點十分重要，尤其是兩人先前有過爭執時，更要格外小心。

四月十五日

性與熱情

缺乏熱情的性生活，就像一場沉悶乏味的儀式。夫妻之間唯有以愛做爲基礎，再加上精進的床笫技巧，才可以不斷領受美妙的激情與滿足感。

當男人注視並撫觸妻子的胴體時，他不僅會因爲高漲的性欲而興奮，更會爲心中的愛與熱情而雀躍。此時女方若能領會男方的熱情，便能享受他不斷的求歡，讓雙方浸淫在熱烈的激情裡。性是最能讓男人感受被愛的方式，聰明的女人就是深諳這點，懂得以性來表達她的愛意，同時爲自己製造機會，接受他最濃烈的愛。

四月十六日

性與決策

對兩性關係來說，性的決策過程非常重要。男人通常很淸楚自己何時可以做愛；女人卻需要思索更久，而男人很難了解這一點，因爲他們可以做愛時，也會同時想做。

性跟許多其他生活面向一樣，當女人說：「我不知道。」其實並沒有拒絕的意思，她只是需要再想想。這點男人請千萬記住。

男人若想確定女方的意向，不妨在她表示「不知道」後，繼續追問：「妳有沒有一點點想做愛的感覺？」通常答案都會是肯定的。受到鼓舞後，男人就比較能慢慢幫她培養感覺。即使最後她還是不想，他也不會覺得那麼受傷。

四月十七日

一夫一妻制

女人需要浪漫的感覺，才會覺得被愛。但就長期而言，能讓熱情蔓延無盡的要件，反而是一夫一妻制。男人風流沒關係，但只能對一個人風流，否則她的熱情便無法茁長，沒有什麼比男人的專寵更讓女人覺得備受呵護。

女人年紀漸大後，如果能全然信賴伴侶的忠誠不渝，就更能恣意表達自己的熱情。如果她覺得自己被拿來跟別的女人比較或競爭，她的心扉也將漸漸闔上，全然封閉自己。女人就像一朵嬌嫩的玫瑰，需要忠誠的清水徐徐澆灌，才會慢慢綻放。

一夫一妻制不單使女人受惠，男人亦然。因爲若能得到妻子和家人的信任，別人也會覺得他十分可靠。忠實使男人變得堅強，讓衆人投以最大的信賴。

四月十八日

男人的驅力

博取女人歡心是男人最大的驅力，這股渴望會賜給男人無限的力量。

一開始，它先以性欲的姿態出現，爾後當男人能把對女伴的愛、尊重、了解和關懷與性欲融合後，這股驅力就變得更強了，當他從身、心、靈三方面來表達愛時，力量更是發揮到了極致。

四月十九日

愉悅的性

愉悅的性就像辛勤工作後的假期、陽春時節的森林浴或攻克頂峰，不僅是一種悅人的報酬，也能使整個人都年輕起來，同時更是一種鞏固兩性關係的最基本方式。

美滿的性生活是創造熱情的一大因素，它讓我們心中充滿愛，滿足我們許多感情上的需求。無論是熱情的性、肉欲的性、清淡或濃烈的性、浪漫的性、有所爲而爲的性、乃至於色欲賁張的性，都是使愛情繼續燃燒的重要成分。

四月二十日

來不來，沒關係

女人在行房的過程中，若知道自己不會來高潮，就不會再繼續往下試了，她會說：「咱們做快一點吧。」這幾個字可以造成極其不同的感受。通常要男人縮短取悅女伴的時間，專注在自己的高潮上，並不會有什麼問題。

男人得花長時間，才能讓女人得到性的滿足，同樣地，他有時也需要她把時間縮短。

聽到這句話時，男人若了解，女方沒有高潮不是因爲他表現不好，只是時機不對罷了，他反而會鬆口氣，而且他的溫情與擁抱，照樣可以讓她開心。

四月二十一日

創造健康的親密關係

一份特殊、親密而忠誠的男女關係，最大的樂趣就在於兩人共享的美好時光，以及在伴侶需要時，爲對方付出。萬一你有所求，而伴侶卻無法幫忙時，你也可以相信，對方是因爲自顧不暇，所以才無法給與支援。

過分依賴伴侶是不健康的。

想依附伴侶，靠對方幫助我們治療失衡的情緒，是不切實際的作法。有時伴侶雖然可以做到，卻非長久之計。我們一旦開始仰賴別人來治療、修正或改變我們，對方反而會縮手不前。

因此，如果你能了解，自己在面對壓力時會有什麼反應，便能從建設性的角度去做自我療傷或向外求援。一旦成功地找到新的平衡點，通常你也會知道應該用什麼方法來輔助伴侶了。

四月二十二日　書信傳情

家庭的壓力很容易削弱一個人的性欲，也許欲念是有的，只是需要一點刺激才能顯現出來。如果你發現自己一離開伴侶，情欲就開始蠢蠢欲動，可是一回到家裡，就又毫無興致，我建議你不妨在性欲來襲時，練習將那種感覺寫下來。

你可以採取信件的形式，生動描述你幻想中的場景和感覺，藉此向伴侶表達你的欲望。當然了，很多人並不擅長用文字來表達這種細膩的感情，不過，這並不表示那些感覺不存在。女人最愛聽甜言蜜語了，這也是愛情小說能歷久不衰的緣故。

如果你空有滿腔情意，卻不知如何表達，不妨買張充滿詩意、又能貼切表達自己心聲的問候卡，來表達自己的心意，這種作法跟親自動筆同樣都可以感動她。

四月二十三日

互補的需要

靈魂伴侶通常擁有我們身上所欠缺的特質。當一個男人展現出女伴所需要的特質時，她會覺得深受吸引。不過對男人而言，則是反其道而行：當女伴需要他時，他才會覺得愛上對方。這種互賴的情形，通常能創造健康的觸電感。

感情上的吸引，能使我們拋開對理想伴侶不切實的期許。尤其當男人體會到被女人需要的那種狂喜後，就不會再執守原本設定的種種條件；當他享受到自己小小的浪漫行爲所引發的回應，也就不會再那麼挑剔她的外貌。

同樣地，當女人體驗到男人對她的殷勤後，便不會再斤斤計較原本的條件；在嘗到男方浪漫追求的甜美滋味後，她也能聽從自己的心意，不再自陷於夢幻式的期許中。

四月二十四日

讓女人感到被愛

男人多半在回家後，心思還停在工作上，以致女伴會覺得，男方把工作看得比她重要，而且多數男人以為，只要對兩人關係沒有怨言，女伴就會覺得他很愛她、很珍惜她。因為對男人而言，女方若不嫌他，他也就心滿意足了。其實男人不了解，如果他擺出一副兩人相安無事就好的樣子，女方就會覺得他不重視這份關係，也不在乎她。

如果他能學著跟女伴一起分享自己的煩憂，她就會明白，其實他是很重視、感激且需要她的。

四月二十五日

保持熱情的七個要訣

以下是維持熱情的七項訣竅：

1. 差異性——接納彼此的歧異，就能使愛成長。

2. 改變與成長——想要保持彼此的吸引力，就必須不斷地成長與改變，同時別否認眞實的自己。

3. 感情與需求——了解自己的感覺，不斷針對自己的需要去提出要求。

4. 個人的責任與自我治療——隨著愛意漸增，舊時的創傷會慢慢浮現出來，希望得到撫平。每當我們抱怨伴侶時，其實更應該深入檢討自己，療養過去的創痛。

5. 愛、浪漫與忠貞——持恆的熱情不會自動產生。我們必須努力創造浪漫的機會，讓女人覺得愉悅，使男人感覺成功。

6. 友誼、自主與樂趣——兩性關係不該太辛苦、太嚴肅，因此，雙方都必須騰出空間，用以原諒所有的過錯，享受相處的樂趣。

7. 合夥關係及共同的理想——兩人須花些時間，攜手追求並達成更高的理想。

四月二十六日

溝通與性

溝通對女人而言十分重要；滿意的性生活對男人也非常重要。男人需要伴侶不斷地表示喜歡與他在一起。如果求歡受拒，絕對會使男人很受傷。

我並不是說，男伴想做愛時，女人都有義務隨時滿足他。我的意思是，只要一談到性，女人的眼睛最好放亮一點。假如男人向她求歡，而她心情不對，也不該立即說不，而是應該婉轉地表示：「我雖然有點想，但如果能下次再做，我會更喜歡。」

若能體貼他的感受，他就不會害怕向妳求愛了。或者妳可以說：「我其實不是眞的很想，不過如果做快一點的話，也沒關係。」

溝通是女人體驗愛的主要方式；男人領會愛與熱情的主要方式卻是性。

四月二十七日

重新燃放熱情

雖說純純的愛情使人快樂，但有時耳鬢廝磨的性關係，更能大幅改善兩人的關係。女方的以身相許，可以催生男人對她的愛。有時即使她不那麼熱中於性，但透過肌膚相親去感受他的愛，便能再度開啓她的心扉。

也許雙方只是沒有固定做愛的習慣，以致一出家門，兩人的情欲可以奔流而出，可是一回到家，就又故態復萌，彼此「相敬如冰」。性一旦退居於次要地位，加上缺乏純熟的關係技巧，性欲又會被沖得更淡。若能知道雙方之間欠缺何種技巧，縱然已經消逝的熱情，也能輕易重新燃放。

四月二十八日

治療舊創

親密關係是治療累積情緒的理想環境。當你找到一個愛你、讓你能安心自在的人時，所有積壓的負面情緒都會慢慢浮顯出來，爭取被撫平的機會。此時不妨慢慢用日記來探索自己的情緒，這對了解過去創痛所造成的不快樂，會非常有幫助。

透過誠懇而關懷的互動，你不僅能學會控制兩人之間的壓力，更能把彼此的關係當成一個治療舊創的機會，讓自己成為更懂得愛、也更值得愛的人。

四月二十九日

零壓力的性生活

男人常覺得，女伴的幸福是他的功勞，而且還會用她的快樂來衡量自己對性生活的滿意程度。男人常把女人的性高潮跟幸福畫上等號，殊不知性高潮對女人的福祉而言，其實並非必要條件，男人必須了解這一點，才能克服自己一廂情願的想法。

這份覺悟對雙方來說都是一種解脫，如此一來，他就不會再用高潮來衡量性生活；她也不再對高潮感到壓力。男人反而可以用女方的快樂來度量自己的表現；女方則可以放輕鬆，享受零壓力的性生活。

四月二十日

錯不在你

女人在跟男人談話前，若能幫他做好充分的心理準備，將來就不必再多費唇舌。談話時，最好先從容易的問題入手，然後再晉級到較難的問題。若能一開始就把話講明白，男人會比較能進入狀況。

女人心煩意亂時，可以先表示：「我希望你知道一點，你不必改變或修正任何事，我只是想跟你分享我的感覺，這樣我的心情就會好很多了。」給他一點準備。男人如果不必爲自己辯解，或幫她解決問題，就能專心聽進她的話。

男人開始了解女人的想法後，自然會變得更體貼。

女人不僅可以訓練男人聆聽，而且如果話說到一半，發現對方開始懊惱或不高興了，還可以暫停一下，告訴他：「我知道這話聽起來像在抱怨，但是我絕沒那個意思。你不必對我的感覺負責，我真的很感激你能聽我訴苦，讓我心裡好過很多。」然後再繼續分享自己的感受，這樣對方就不會覺得都是他的錯，而且也會更用心傾聽了。

五月

和諧、變化、感激

五月是感恩的月份，感謝彼此各具特色，卻能和諧共處。任何長遠的兩性關係中，和諧與變化都是不可或缺的因素。

一開始，我們常受對方獨特的氣質吸引而展開交往，可是不久後，我們卻會企圖去改變對方，因而落入憤怒、抗拒的陷阱裡，最後甚至拒絕接納彼此的歧異；都只希望對方能和自己有一樣的想法。

然而，真愛是無條件的，只要求認可與珍惜對方。男女除了基本的差異之外，也享有許多共同的目標。舉凡家庭、工作、信仰、政治、金錢、特質、休閒、性等所有的價值共識，都是創造兩人和諧關係的因素。

無論你們的共同目標為何，請必須牢記：無論對方是否符合我們的期許，愛就是接納與感激。

五月一日

美妙的共鳴

靈魂伴侶之間能享有互通的價值觀，而且這種共鳴能使雙方展現出最美的一面。此外，當我們與靈魂伴侶共處時，只要是對方重視的事物，我們也絕對不會輕忽。

靈魂伴侶的信仰、家庭、工作、休閒、政治、金錢、性和婚姻觀念，在在都會對你產生激盪與鼓舞，使你了解對方的優點，並尊重其價值觀。不過，所謂互通的價值觀，並不表示你們的看法與感受都一樣，那只是表示你懂得尊重對方的想法，也了解其中的緣由始末。

五月二日

人各有異

我們常對彼此的歧異感到憤怒與排斥，甚至會要求對方跟自己抱守一樣的感覺、觀點和行爲。如果他們的作法迥異，我們就會設法予以糾正指責，一心只想改變他們。我們常埋怨說，對方要是肯改、肯同意或按我們的要求去做，我們就會更愛他們。

我們常會不自覺地要求身邊的人，跟自己抱守一樣的感受、觀點和行爲。

那麼，愛又是什麼？愛是唯有對方迎合我們的期許與想法時，我們才表示接納與感激嗎？還是枉顧對方的選擇，將他們塑造成我們所期望的模樣？

這當然不叫愛了。眞正的愛是無條件的認可與珍惜，只要我們誤以爲對方按照我們的意思去思考、感覺、做事，必然會更幸福，眞愛就會受到曲解。因此，唯有了解人各有異的事實，我們才能一一撤離眞愛之路上的種種屏障。

五月三日

為自己定位

每個人都有他天生麗質的地方，沒有人能因爲成爲你，而凌駕在你之上。你在天地間擁有屬於自己的特殊地位，而發掘自己的定位，也是成長過程中不可或缺的一環——找出你能付出的貢獻、此生的志業，並一一去完成。這項探掘的工作將帶給你極高的滿足感，讓你的生命發光發熱。完成這項大業的唯一辦法，就是不再掩飾眞實的自己，同時開始接納並關懷本色天然的你。

五月四日 不能光憑愛情

在戀愛中，人們常會天眞地以爲，自己不會出現上一代所有的問題，不但愛火絕無熄滅的一日，也堅信兩人從此可以永遠過著幸福快樂的日子。

然而，當愛情的烈燄消散，回歸到現實的柴米油鹽時，問題就來了：男人開始期望女人能跟他們一樣；而女人也期許男人能與她們相仿。於是溝通毛病百出，彼此猜忌排擠，愛的力量於是蕩然無存。

當兩性能尊重、接納彼此的歧異，愛就有機會綻放。

爲了建立圓融的兩性關係，我們唯有了解兩性的差別，才能坦然付出與接納愛，同時發揮創意，解決問題，順利達成所願。更重要的是，我們應該學習如何盡力去支持並愛護所關心的人。唯有如此，愛才能變成一種持續性的奇蹟。

五月五日

靈魂伴侶不是聖人

你一定要了解，靈魂伴侶絕非完人，也不會符合你所有的理想條件，但是當你能寬容地了解他們時，對方就是那個最適合你的人。

愛情會激勵你去尊重、感激並珍惜與你迥異的對方。在這個苦樂摻半的學習過程裡，你會變得更圓融，心靈也會因此獲得了成長。

五月六日

讓她看得起

男人若懂得控制自己的情緒，而且能體貼、認可女伴，不必低聲下氣去討好女方，就能得到她的欽慕。

凡事被動而屈從的男人，只會令女人不屑一顧。那是因爲女人不想在親密關係裡當老闆，她只希望兩人能平起平坐。如果男人尊重女人的需求，她也會以禮相待，尊重他的願望。

五月七日

出於自願

★

男人若能在沒有壓力的情況下選擇去付出，就會獲得成長。他想付出是因爲關心、想讓女伴開心，而不是認爲自己欠她的。

如果男人只是因爲女方付出太多，而想有所回饋，付出的過程通常就沒有什麼樂趣可言，因爲這種回報就像是在還人情債，而且男人的付出若低於女人的期望值，她也會變得挑剔而不滿。

五月八日

人云亦云

我們之所以會怯於承認彼此的歧異，原因之一就是，在成長過程裡，特立獨行的人常會遭到別人的嘲笑或排擠，所以為了受人歡迎，或是集聚勢力，我們就得跟那些人緣佳、權力大的人看齊——孩提時的我們總是希望自己能和他人一樣。

即使如今長大成人了，父母也提供大力的支持，我們還是覺得，只要跟別人不一樣，就會遭受拒絕而招致失敗。

五月九日

男女有別

性對兩性而言，是非常不同的經驗。對男人來說，性的最終目的就是達到高潮，他一勃起，自然就會去尋求發洩。男人的性滿足，主要來自壓力的紓解與高潮。

從生理上來看，男人體內早已積存了一堆精子，準備伺機抒發而出，不像女人的性欲是遞次漸增的。從某個角度來看，他企圖將自己「放空」；她則想把自己「塡滿」。換句話說，男人希望能結束勃起狀態；女人則希望延展性欲燃燒的時間，以便能深刻體會內心的欲求。

女人喜歡男人撫觸她最敏感的部位，慢慢激起她的欲火，等到揭去層層束縛後，她才會渴望釋出潛沉心底的欲念。男人希望能立即滿足自己的性欲；女人則眷戀那種欲火漸升的感覺。

五月十日

剛柔並濟

很諷刺的是，男人若失去女伴對他的支持，生活便會失衡；女人則是因爲無法從男人身上獲取新的鼓勵，而變得方寸大亂。

若想解決現代的兩性問題，女人必須發揮舊式婦女的賢淑美德，同時兼顧現代婦女剛毅堅強的一面；現代男人則得努力嘗試用新的方式，來支持自己深愛的女伴，力求自信與溫柔、剛強與體貼並濟。

五月十一日

感激的傳染力

有時候你會覺得，身邊的人並不感激你；或者你認爲，如果對方愛得不夠，自己寧可轉身離開，也不願開口求憐。然而，要求並不等於乞憐，如果你得不到希望的愛與感激，就有責任爲自己說話。萬一你的伴侶有心支持，卻需要一些指點呢？你不必坐在那邊枯等，因爲接受讚美是你的權利。

因此，不妨試著在每天結束前，讚美彼此幾句：「我很感謝你的一點是……」若想提醒伴侶感激你，就說：「你應該感謝我的一點是……」

別忘了，感激是一條雙行道，與其枯等對方來感謝你，倒不如先問問自己，是否已經向他們表達了你的謝意。感激是有傳染力的，你愈向別人表示感念，他們就愈願意向你致謝。沒有人不愛聽好話的，但你一定要表達清楚，這樣才能讓你的愛更具意義與重要性。

五月十二日

牢記男女大不同

我們常誤以爲，如果伴侶愛我們，就會有特定的反應與行爲——就像我們愛上某人時會有的反應。其實這種心態勢必會令人一再失望，也讓我們無法互相溝通。

我們誤以爲，如果伴侶愛我們，其反應與行爲就會跟我們一樣。

這種不切實際的期許，只會讓兩人的關係裡充滿了不必要的磨擦與衝突。因此，如果你能牢記男女大不同的鐵則，而且能了解並尊重這些差異，在面對異性時，不但能大幅降低心中的困惑，一切問題也會好辦許多。

五月十三日

互補的魅力

兩性間的差異其實頗具互補之效，能提供雙方一個平衡的機會。如果我太積進，也許會受到一個比我更從容、寬懷的人吸引，那是因爲對方的特質會軟化我的攻擊性，使我的心靈變得更爲安適。從這個角度來看，互補式的差異是兩性彼此相吸、創造情愫的主因。

因此，我們若能深入了解兩性歧異的價值，便能欣賞它們，而不再只是誤以爲伴侶跟自己的差別太大，以致永遠無法滿足我們的需要。

五月十四日

微妙的平衡

性是一種極端微妙的平衡關係，而男人在面對失衡狀態時，往往比女人更脆弱。如果男人的性欲高於女方，卻還能表示尊重，耐著性子一再求歡，最後必能慢慢贏得她的芳心，讓她點頭。

可是，萬一女方的性欲一向高過於男伴，而且對他的表現不甚滿意，他就會覺得性趣大減，好像只是爲了對她有個交代，才勉爲其難陪她做愛。

因此，女人在表達內心的欲求時必須非常小心，以免流於不滿或咄咄逼人。妳不妨讓他知道，如果他想睡覺，她會設法取悅自己；如果他想加入，妳也隨時歡迎，即使只趕上最後的結尾也無所謂。

女人在性生活上若能採取這種自主的態度，而不是用哀兵計或苛求男方，就能讓對方更樂於參與了。

五月十五日

愛與匹配

所謂的匹配，意指你和伴侶有著相似的夢想和目標，而且對於達成目標的個別或共同手法，抱持著相同的理念。換句話說，你們兩人的生活態度相當一致。

不過，匹配並不表示你和伴侶完全一樣，別忘了，差異會使人產生相互吸引的力量，假如兩個人毫無差別，這場關係很快就會變得乏味不堪。可是差異若是太大，也容易造成衝突與壓力，不會帶來啓發與平衡。

所以，愛與匹配性必須兼顧，兩人才能繼續往下發展。當你和伴侶朝著相同的方向一起成長，並分享共通的願景時，自然能兩相幫襯。彼此的相需，可以創造兩人的激情與熱力，戀愛之初的激情固然令人神馳，但若想永續經營一場關係，就必須以彼此相需做爲基礎。

五月十六日

別改變他

女人一旦愛上男人，往往會把心力灌注在改善家庭及丈夫身上，企圖去改變他，可是此舉卻讓他覺得處處掣肘，備受操縱。於是，女人愈想改變男人，他就愈反彈，因爲他獲得的，不是激勵他改變與成長的信任和接納。

女人愈想改變男人，他的反彈就愈強。

問題是，這樣一來，男人的反彈也會使女方以爲，他之所以不肯改，都是因爲不夠愛她的緣故。其實，他之所以抗拒改變，是因爲覺得她不愛他。男人唯有在覺得自己被愛、被信任、接納和感激時，才自動自發開始改變與成長。

因此女人請牢記，除非男人直接開口，否則他們並不需要妳的建議。對男人來說，信任對方有自行解決問題的能力，這才是愛的表徵。

五月十七日

一進一退雙人舞

女人向後退兩步時，男伴可以往前進兩步，就像兩人共舞一樣。這種一進一退的收授狀態，是兩性關係的基本節奏。

有時，兩人會雙雙退後，再一齊向前，就像每段關係都會遇到雙方無意付出，因而退後重新出發的情形。

跳舞時，女人會風姿綽約地滑入男人懷裡，然後又款擺離去。在一場成功的兩性關係裡，也可以看到同樣的模式。女人會欣喜地投入男人的懷抱，待他做好準備後，再自他懷裡旋繞而出，在他身邊舞動，分享自己的感受。

有時，男人在女人舞回他懷裡時，會用雙手環住她，讓她向下仰倒。同樣地，女人在分享感覺時，男人若能給與適度的支持，她就能一路仰倒至貼近地板，然後再體驗到被扶持回來的暢快。

在跳舞的過程裡，女士會自然地繞圈，男士則會留在原地不動。同樣地，當女人在掏心吐肺時，男人的以不變應萬變，就會讓她覺得自己的話被聽進去了。當然有時兩人也會同時轉圈，不過就像在舞蹈中一樣，兩人必須先分開個別舞動，然後才能再回來重新共舞。

跳舞時，男士會在帶引女伴的過程裡，享受到自主與自立的感覺；女人則藉著支援自己的舞伴，滿足她對合作與交流的需求。

五月十八日

女人求廣，男人求專

在兩性關係中，女人最普遍的一項通病就是忘記自己的需求，只想到伴侶的需要。

女人最大的挑戰，就是在拚命照顧別人時，設法保持自我的空間。從另一個角度來看，男人最大的困難則在於克服自私的毛病。

女人求廣；男人求專。男人就像一股向心力，只會全心全意朝向一個中心點衝刺，這也解釋了何以男人跟女人溝通時，經常無法忍受她會東拉西扯說了一大串——因爲男人只想談重點。

一般說來，男人在說話時，會先在心裡默忖，直到想淸自己要講什麼爲止，但女人未必有這項本事，她得藉著說話來發掘自己的觀點，探索自己的感覺，找出自己的方向與目標。

很多時候，男人會對女人無可奈何，就是因爲他們不懂得這點差別，所以只會糊里糊塗干擾女人的談話，或認爲自己是在浪費時間。不過，男人一旦能了解這點差異，便能用寬容的聆聽態度，來支持自己的女伴。

五月十九日

接納異己

接納了人的差異性，我們才能開始嚴肅探索彼此的不同，進而體悟人人各具特色，並無優劣之分。以下幾個理論，對了解人的差異頗有幫助。

- 形態學根據心理狀態的主要差異，將人分爲行動型、情緒型和理智型三類。
- 古老的占星學以十二宮來區分人的心理。
- 蘇非派（注：伊斯蘭教的禁欲神祕學派）把人分成九種基本的心理型態，稱爲九角圖（enneagram）。
- 許多現代個人成長及商業講習會，會談到人的四種特質，包括支持者、促進者、控制者及分析者。他們認爲，每個人都擁有這四種特質的潛能，隨著自覺意識的提高，人可以選擇去培養並融合這些特質。

不過，有些人並不贊成把人分成好幾類，因爲粗略的分類方式容易形成偏見，造成局限。經驗告訴我們，人被歸類後，常會形成高下之分，而一般人最怕的就是被別人視爲異類。

基本上，批評與偏見的形成與人的差異有關；但是再深入一點看，我們可以很清楚地知道，這些批判是因爲對異己缺乏包容與感激所造成的。

其實認可異己未必會造成威脅，因爲接納異己，就不會企圖去改造對方。當我們不再執著於想改變別人後，便能從容欣賞他們的獨特之處，這種對異己的認可，最後將使我們捐棄成見。

五月二十日 好施小惠

男人對女人施點小惠，往往能收到意想不到的效果，讓她覺得受寵而愛得更深。當雙方的付出十分平衡，或接近平衡時，女人會認爲自己受到疼愛，也因此更加信任並關愛對方。女人知道自己被疼後，就能毫無抗拒地去愛了。如此一來，兩人都能從中感到滿足。

男人希望自己有能力改善現況；女人需要覺得男伴值得信賴。

男人得對女人好施小惠，女人則得體貼地感謝他爲她做的一切。一朵微笑，一句謝言，都能讓他感知妳的謝意，並繼續付出。如果他覺得女方把一切都視爲理所當然，就會歇手不做了，因此女人千萬別吝於說謝謝。

當然，這並不表示他只要幫忙倒垃圾，她就必須幫忙粉飾太平，女人其實只要針對倒垃圾這件事向他致謝即可，以此類推，相信雙方必能漸漸地表現出更多的關愛。

五月二十一日

當她不想要時

先生若覺得，妻子不像他那麼重視性生活，就會非常沮喪，甚至會對她失去胃口，進而覺得不曾拒絕他的陌生女子更具魅力。

就歷史來看，偷腥的男人遠多過紅杏出牆的女人。夫妻若缺乏良好的溝通及調情技巧，對彼此的欲念都會大幅削弱。

女人可在性幻想中滿足自己；男人則以實際行動偷腥。

過去女人爲了家庭，可以輕易放棄對性的需索，因爲維繫家庭的重要性，遠遠超過情欲的滿足。「失樂園」式的激情，遠非女人所能負擔。不過，男人在面對性欲冷淡的女人時，解決的辦法就是偷偷另築香巢。

不幸的是，男人一旦把精力放在別處，配偶對他的欲念就愈淡，結果家庭的架構雖然撐住了，浪漫的感覺卻蕩然無存。

男人之所以會搞婚外情，主要是因爲他們不懂得，自己有能力重新喚醒配偶的情欲。如果能對異性有更深入的了解，即使熱情已滅，我們依然可以再次將它點燃。

五月二十二日

尋求平衡

兩性若能在事業與兩人的關係中找到平衡點，創造力就會更豐富，並獲取更大的滿足與成就。當他們能兼用感情與理智，必能以正面且充滿關懷的態度來回應對方。

如何才能達到平衡？了解、接納、感激並且尊重彼此的本質，是尋求平衡的不二法門。尊重、關懷妻子的溫婉，有助男人找到平衡。同樣地，對男人表示信任與感激，也能讓女人平衡自己。

五月二十三日

尊重、再尊重

否認彼此的差異，並不能化解兩性之間的衝突，我們僅能靠相互的尊重來平息戰火，並設法發揮創意，滿足男女不同的需求。

每當我們用正面的辦法來面對兩性關係時，也等於是爲世界和諧鋪路，因爲你的每一分努力，都會使後來的追隨者走得更輕鬆。

五月二十四日

內在潛能

雖然每個人的性格有許多相異之處，但我們眞實的內在潛能，卻超越了性別的差異。事實上，每個人都是：

1. 有目標的。
2. 聰明的。
3. 有創意。
4. 富愛心。
5. 有力量。
6. 有決心。
7. 仰賴自己的。

所有人都揉合了這些基本的人類特質，同時又自成一格。當然，人都有極限，不過它並非取決於性別。一味認爲性別決定我們愛、表達或了解的能力，其實是一大錯誤，這項誤解使人自陷於假想的設定中，抑制了自我的表達，也局限了自己的作爲。

五月二十五日

陽剛與嬌柔

在傳統的兩性關係裡，男人顯得更陽剛，女人則顯得更嬌柔。如果女人無法在他面前小鳥依人，他的魅力就大爲失色；她也會爲了免於一再受傷而封閉心扉，迫使自己變得更剛強。

男人也是一樣。他們若無法做決定、求歡、爲她解決問題，或是無法感受到女伴的感激，就會壓抑他剛毅的一面。太過中性化的結果，兩人之間的吸引力也就變淡了。

雖然雙方一開始扮演著男強女弱的角色，但隨著時間遞增，在情感上的角色也許會開始互換。當男人覺得他陽剛的一面未受到支持，就會開始失衡。同樣地，女人在職場及家中若得不到所需的鼓勵，也會失去方寸。

五月二十六日

付出與接受

女人常覺得，一旦兩人關係固定下來、訂婚或結婚了，男人一定就會爲她們做更多的事。基於這種預期，她會覺得自己應該幫他做更多的事。

付出一旦多於收穫，終會讓女人停止感激男人的付出。

漸漸地，她愈做愈多，時間都以他爲主，幫他安排生活、擔心他、等待他、討好他，同時對他的期望也愈來愈高，於是，她對他溫柔的小動作也不再表示感激。

由此看來，爲心愛的男人付出固然不錯，但若能學著去接受則更好。男人感受到女伴的感激，就會更投入。女人若能努力做到付出不超過所得，就等於替兩性關係打下成功的基礎；對男人的付出表示接納與感激，也等於讓兩人關係有了最好的成長機會。

五月二十七日

兩性的需要

男人若重視女伴的需要，且傾力支持，她就會心滿意足。受到專寵的女人最美，男人若將她的感覺和需要，放在自己的工作、研究和休閒之上，她就會覺得深受寵愛。一旦女人覺得自己是他生命裡最重要的人時，必會大力稱讚男伴。

女人需要男人全心的投入，男人則需要女人的欽崇。女人的驚奇、愉悅和認可，都是崇拜他的表示。女伴若對他獨特的性格、才華，包括幽默、力量、毅力、正直、誠懇、浪漫、仁慈、關懷、了解等所謂傳統的美德感到驚艷，他就會覺得自己備受崇拜，而且這種感覺還會讓男人放心關愛女伴、贊許女伴。

五月二十八日

本為同根生

接納兩性的心理差異，才能領會到彼此的一致性。從抽象的角度來說，人其實都是一樣的，所有宗教也都認可人性的一致性。我們若能打開心門，不僅能深愛親近的人，內心更會感到自己與世界融合爲一。

最後，我們會打破區隔彼此的藩籬，四海一家，並了解天地萬象皆爲人心的反映。頓悟、求道、對幸福婚姻的憧憬、找尋靈魂伴侶，或創造和樂的家庭等，都是追求性靈生活的方式，而且每個人都會依據其本質，在不同的人情事物中獲得啓發。因此，唯有學習愛與被愛，我們才能達成自己在人世間最基本的精神課業。

五月二十九日

分享幽暗的情緒

女人無法分享心底的負面情緒時，唯一的選擇就是逃避親密關係和性生活，或藉著吸毒酗酒、飲食無度、瘋狂工作等方式，來壓抑、麻痺自己的感覺。即使她能藉這些事物來逃避，還是會定期陷入情緒低潮，最後只好用最失控的方式來宣洩情緒。

也許你認識某些從不打架或吵嘴的夫妻，卻在突然間跌破衆人眼鏡，宣布離婚。在這種例子中，很多都是因爲女性爲了避免爭執，而壓抑自己的負面情緒，結果心中的愛也被扼殺了。

當負面情緒受到抑制，正面情緒也會受到打壓，連愛也都滅了。避免爭執當然是健康的作法，但卻不該因此壓抑情緒。雖然你不一定要把所有的不悅或不滿告知對方，但是請給自己一點時間，聆聽自己的心聲，這點非常重要。無論你是男是女，只要探觸自己的內心，不僅能使你感受到愛，同時能常保年輕健康、創意、性感和樂觀。

五月三十日

改善世界

掌握製造熱情的要訣、練習寬恕，不但能爲自己創造終生的幸福，更能改善世界。練習新的兩性關係技巧，並學習包容不同的價值觀，不僅是創造熱情的先決條件，更能對世界的和平有直接的挹注。

想像一個家庭和樂、鄰里守望相助的社會，這樣的世界其實是可能存在的。你爲兩性關係所做的每件事，都能把社會朝大同世界的目標推近；世界的和平與繁榮，也因你的努力而變得更爲具體。

五月三十一日

陰陽調和

所有男女都是陰柔與陽剛並具的，缺乏陰陽的調和，我們就無以爲繼，這兩股內在的互補力量一旦失衡，便會引發許多弊端。

男人的男子氣概若是蓋過他的柔情，便會顯得相當自我中心而自私。男人的冷漠，實則肇因於無法觸探自己陰柔的一面，因此，如果能了解自己的感覺，男人就能輕而易舉覺察到別人的需要。

同樣地，女人若是太柔順，往往就會過於在乎別人而輕忽自己，而且一旦需求愈是無法獲得滿足，她就會更努力犧牲自己，且渾然不覺。因爲不知道自己要什麼，所以也不懂得堅持，更不知如何與人分享自己的願望。

爲了避免兩性這種極端的情形發生，男女都必須去探索、培養並平衡自己的陰陽兩面。一旦融合了這兩種互補的力量，不僅能改善兩性關係，人也會變得更有創意。

六月

研究、溝通、接納

六月提醒了我們，感受愛的能力，以及愛自己、接納自己的能力，兩者是成對比的。你不妨好好研究一下自己的內心世界，找出愛情受阻的原因，然後再設法試著付出，成為更寬容的人，同時拋開過去，勇往向前。

當你能接納、感激並尊重別人時，自然會開始珍惜自己。我們愈能擁抱真實的自我，就愈能去愛人。

你究竟是誰？最重視什麼？希望從兩性關係中獲得什麼？這些都是值得深思的問題。改善自己是一種健康的願望，與強迫自己或別人做改變僅有一線之隔，而關鍵就在於是否能仔細研究。

用心聆聽自己的心聲，接受自己的心靈現況，才能掌握此刻，邁向成長。

請你接受現在的自己，認可自己的價值。雖然我們都還在成長中摸索，卻值得被人疼愛，因為我們真的夠好。

六月一日

接受自己

兩性關係的不睦，常造成許多人沉迷於自我改變，希望藉此改善生活。但能否在生活裡創造更多的愛，其實跟改變自己或別人並沒有太大的關係，而且有時你愈是按「應該」的方式去修正行爲，就愈偏離本我，也愈難去愛別人，或讓別人來喜歡你。

希望改變不是壞事，但絕不可因此而扭曲自己。如果是出於自我憎恨而做改變，即使因此變得更有權勢、找到更好的工作，或結交新的朋友，你仍然不會創造出更多的愛，也不會覺得自己眞的受到喜愛與接納。改變與成長雖是人生的一部分，不過你必須牢記，現在的你已經很不錯了，很值得人疼。

六月二日

少做多支持

一開始就打下良好的溝通基礎，是創造成功兩性關係的最佳利器。男人若不覺得女方在指責自己，便會更願意設身處地爲她著想。他肯用心聆聽後，女人若能同時表示感謝，男人就會變得處處更符合她的需要。

若希望男伴能滿足她的需要，女人就得學會用不卑不亢的方式，向他傳達自己的需求。在大部分狀況下，男人若懂得用不同的方式去支持女件，反而可以做得更少，而讓她覺得更幸福。

雙方若能各取所需，就會更樂於付出，他能給她現代婦女最渴望的支持與感激，她也能回報以愛與接納。

六月二日

女人首重溝通

男人如果想用浪漫的舉動博取女人的感激，有時得先滿足她對溝通的需求才行。過去二十年來，女人的不滿大多跟缺乏溝通有關。原因很簡單：工作過量的女人需要大量談論自己的情緒，才能成功抒解壓力。

對此，男人責無旁貸，理應慢慢學著去聆聽女伴的言語，藉此協助她紓解壓力，讓她有足夠的理由去感謝他，並促使她在床笫間更放得開。

六月四日

溝通而不抱怨

男人常誤以爲，女伴的埋怨或指責，自己多少也有責任，既然她不高興，而且又告訴他了，想必應該是在生他的氣吧，所以當然就把女人的抱怨當成責難了。其實男人不懂的是，女人需要跟所愛的人分享懊惱的心情。

藉著練習與對異性的認識，女人可以學著用溫和的語氣來表達情緒。她可以在說完話後停個幾分鐘，謝謝他肯聽自己訴苦，這樣就不會讓他覺得遭到責怪了。

女方可以做出如下的評語：

「眞高興我能談談自己的感覺。」

「能把話說出來眞舒服，謝謝你。」

「可以談論這件事，眞的讓我鬆了一大口氣。」

「眞高興我能抱怨一下，這讓我心裡好過多了。」

這個簡單的改變可以造成天壤之別。

六月五日

新的兩難

現代女性在溝通上面臨了新的兩難：不是訓練自己用男人的方式說話，喪失女人快樂的談話方式；要不然就是漠視男人的不滿，任性抒發自己的情緒。然後男人在面對女方肆無忌憚的表達時，往往會停止聆聽，使她失去了男伴的愛與支持，所以這兩種辦法都行不通。

女人對兩性溝通的需求，對雙方都是一項新的挑戰。女人若懂得使用新的技巧，便能協助男人去聆聽她的傾吐。一旦男人有了準備，女人就能暢所欲言，而訣竅就在於先說幾句話，讓男人乖乖面對不同的溝通方式，即使她的話在男人耳裡有點批評、抱怨的味道；即使他還不善於閃躲她言語裡的攻擊，但若能先幫他做好心理準備，就算挑明了罵他，他也不會懼怕。

六月六日

優質性生活

培養愛與鼓勵的溝通關係，是擁有美好性生活的第一步。有了美滿的性生活，兩性關係也會突然晉級。透過親密的性關係，男人會覺得更愛女伴，而她也會開始從中體驗到睽違已久的愛。

優質的性生活能賜與男性豐富的情感，使他對伴侶表示關懷與興趣，於是兩人之間的溝通與親密感自然就會增濃。一般來說，性不僅誘人，更是敲開男人心房的門徑，美好的性生活能讓男人觸探到內心塵封已久的柔情。至於那些對女伴失去興趣的男人，想必在性需求上並沒有獲得滿足。

六月七日

神奇的五個字

有五個字，能大大鼓勵男人，那就是「不是你的錯」。

女人在吐苦水時，不妨偶爾停下來鼓勵他說：「我眞的很感謝你聽我說話，如果我的話聽起來像在怪你，那絕非我的本意，因爲那不是你的錯。」

女人可以學著去體察對方的感受，了解自己在宣洩時，常會讓男方覺得自己有錯。不過話又說回來，女方得眞的不怨他，這些安慰鼓勵的話才能收效。

如果想罵他，女人可以跟其他能給她支持的人分享負面的情緒，或在日記上宣洩，然後等到她能釋懷面對男伴時，就能順利與他談論自己的心情。

六月八日

探索隱匿的情緒

人的感覺包含了許多層次：

- 憤怒。
- 難過。
- 恐懼。
- 悲痛。
- 愛、了解、寬恕與欲望。

通常人一次只會覺察到一種感覺，但其他情緒也會同時存在。如果能完全體會並表達出所有的感情，其實就可以輕易化解心中的不悅。然而，如果每一種情緒未能獲得全然的領會與傳達，積壓久了，反而製造出更多的情緒包袱與心結，隨著你從一場關係裡轉戰到下一場關係裡。

徹底表達所有的負面情緒，才能再度體會愛與包容。

其實，在所有憤怒與受傷的負面情緒下，都深藏著愛與對親密的渴求。你若只顧著表達憤怒與受傷的心情，而忘了傳達心底的愛，問題就會浮現。因此，唯有仔細探索隱匿在負面情緒下的感情，我們才能不斷擁抱愛的感覺。

六月九日

聆聽就好

女人在爲某件事煩心時，男人常會爲自己的想法做抗辯。他以爲，只要表現出自己很進入狀況，女伴的心裡就會覺得比較舒坦，其實不然。因爲男人一旦開始忙著答題，就會忘記聆聽。於是他說得愈多，她的問題也接踵而來，結果弄得他心煩氣躁，她也無法抒發情緒。

她說得愈多，男人愈聽得進去，她也會愈感激。

其實規則很簡單，男人應該練習比女人沉默，同時儘量多發問，並延後回答的時間。等到女人覺得受到認可和尊重之後，她便能輕鬆談話，情緒也能獲得安撫。

六月十日

男人需要被接納

當男人受到女人眞情的接納時，對自己的能力會信心大增。當他的行爲受到無條件的認可時，便會安心探索改善自己的方法。基於這項理由，接納是改善男人行爲關係的基本條件。

有時女人會依據男人的潛能來認可他，但這並不是眞正的接納，因爲她願意接受的，是有朝一日改變後的他。不過，男人需要女方接納現在的他，而非明日的他。如果男人覺得女方在生他的氣，反而會變得固執而憤怒。因此，如果妳能愛一個男人的眞我，便能激勵他發揮自己。

六月十一日

實話實說

常常我們在面對另一半時會有所保留，以爲：「如果你不肯告訴我實話，我也不告訴你眞相。」這種關係雖然輕鬆，卻無法提升自我價值和對自己的珍愛。

因此，誠實表達自己的情緒是很重要的，這是化解情緒壓力、增長彼此關係的第一步。不過在坦承相告之前，你得先弄淸楚自己的想法，等想淸楚後，才能用關懷、體貼的態度，適時適地傳達出來。

感受愛的能力與表白的能力成正比。生活愈眞誠坦然，愛的能力就愈強。沒有溝通障礙的兩性關係，正是創造愛與自尊的泉源。

六月十二日

浪漫與溝通

兩人交往之初，女方其實並不了解男伴，只能憑空想像他了解她、認可她。這種正面的感受是浪漫與熱情的溫床，然而幾經失望後，初戀的迷霧也就煙消雲散了。

不懂傾聽技巧又不了解女人的男人，最後都會讓她覺得自己在對牛彈琴，以致對他興趣盡失。她甚至不了解，他明明還是有浪漫之舉，但爲什麼感覺卻已不再了。事實上，等到女人缺乏被了解的感覺，就是連鮮花也打不動她的芳心。

談話是女性的重要需求，因此，讓她在浪漫的儀式裡感受到「我愛妳、我很關心妳」，其實比千言萬語更教她窩心，有了浪漫的感覺，溝通起來也就更容易了。

六月十三日

聆聽而不還嘴

聽到女伴說：「我們兩個只曉得工作，生活一點樂趣都沒有，你太呆板了。」男人很容易誤會她在怨他。

如果他覺得女伴在發他牢騷，我建議男方不妨告訴她：「我太呆板？這話聽起來實在不太舒服，妳的意思是我們兩個在一起沒意思，都是我的錯嗎？」

或者他可以這麼表示：「妳說我太呆板，兩人在一起很沒意思，我聽了很難過，妳覺得那都是我的錯嗎？」

此外，爲了改善溝通方式，讓女方有台階可下，男方可以確認她的說法：「我覺得妳的意思好像是，我們兩個只顧著工作，都是我的錯，是嗎？」

或說：「妳說我們在一起很沒趣，我這個人太呆板了，我覺得妳好像都在怪我？」

以上都是表示尊重的反應，給她機會收回剛才的責怪。當她表示：「噢，不，我沒有怪你的意思。」也許他就會覺得鬆一口氣了。

我發現還有另一種絕佳的辦法，那就是牢記：女人永遠有生氣的權利，等她發洩完了，不但會心情大好，還會感激男方耐心的聆聽。男人了解這點後，就可以放輕鬆聽她吐苦水，而且要記住，就算她在怪他，只要等她宣洩完就沒事了。

六月十四日

說些體己話

現代夫妻面臨了兩性關係及家庭生活的新壓力，又缺乏傳統支援體系的支持，使得白頭偕老顯得格外艱難，這也是何以成千上萬的曠男怨女要選擇單身的原因。

其實這些情況大可避免，例如，女人若能在發完牢騷後，說些體貼的話，就不會再讓男伴感覺那麼挫敗了。

「謝謝你聽我說話。」

「我只是需要發洩一下。」

「很對不起，這些話你聽起來很刺耳。」

「你可以忘掉我剛說的話。」

「我現在已經覺得沒關係了。」

「謝謝你幫我釐清問題，讓我暢所欲言。」

「這次談話讓我對事物抱著更正面的看法。」

「我現在舒坦多了，謝謝你的聆聽。」

「我心裡舒服多了，有時我只是需要把話講出來，心情就會變好了。」

「謝謝你不厭其煩讓我透過談話來釐清自己的問題。」

這些話對男人來說，簡直有如天籟，讓他非常窩心，因爲在男人的語言裡，這些話具有特殊的正面意義。

六月十五日

收與授

性的兩個極端是快樂的付出與接納，兩人一收一授，便可輕輕鬆鬆累積出性的樂趣。在這樣的性生活裡，雙方會輪番採用對立的角色，來增強欲念與情趣。

收授式的性生活有兩個階段，在第一個階段中，男人接受，而女人付出。進入第二個階段時，女人則放鬆、專心接受男人的殷勤。

在前半段時，請男人先學著去接受，不必花太多時間去討好女伴或滿足她的需求。他當然也希望她能喜歡，但請先把重心放在自己身上。同樣地，女方也不必期望自己能馬上跟他一樣熱情，或想趕上他的腳步。

在第二個階段裡，便輪到女人來接受男方全心的付出。她已經付出過了，現在可以單純扮演接受者的角色。如此，兩個人最後都能獲得滿足。

六月十六日

給他正確的訊息

女人若能充分展現自己的柔媚、包容與善解人意，便愈能刺激男人表現他剛強的一面。男人愈覺得女伴因自己而滿足，對她的興趣也就愈濃，自然對自己也就產生更多的自信，活得更有目標、更負責任。

女人的善體人意能吸引男人，並增強他的信心。

妳的從容自若能讓他感到自信；妳體貼的笑容也能讓他覺得，自己有能力帶給妳幸福。因爲男人以爲，就是基於他能成功地迎合妳的需要，所以妳才會有善意的回應，於是他更會認定，自己對妳的福祉責無旁貸。

六月十七日

新的溝通技巧

爲了確保兩性之間能擁有最佳的溝通，雙方可以先從新的溝通技巧著手。女人只要牢記停頓、準備、延後及堅持等四個原則；男人也請記住閃、躲、疏通、表達關切等四個原則，雙方就能溝通順利。

聰明的女人會懂得先停下來，幫男伴做一點心理準備，然後再表達自己的感受。如果她想要求什麼，也會等兩人心平氣和時再委婉討論。假使男方忘了做到她的要求，她會理直氣和表示堅持。

至於男人若想成功跟女人溝通，就必須努力對她表示支持，而非被動地聆聽，同時要拋開好戰的毛病，避免幫她解決問題、把她的抱怨往自己身上攬的衝動，並試著體會她的心情，疏通她的不滿，最後再伺機給她一些鼓勵、了解或協助，表達對她的關切。

閃、躲、疏通與表達關切，是聆聽女人說話的重要原則。

兩性在練習這四項技巧時，最大的障礙就是不懂彼此在言語上的差異。男人縱使在慢慢進步，但是當他忘了去聆聽或尊重女伴的感覺時，她就會覺得他無藥可救。同樣地，女人即使很努力了，可是一旦忘記先停下來幫他做心理準備，他就會覺得受到責怪，覺得一切都是枉然。

一旦了解了彼此說話時不同的意涵後，就會比較認識伴侶對我們的愛，也會肯定對方的努力。雖說學習新技巧的確需要時間，但若能耐著性子堅持下去，兩性溝通起來必能更得心應手。

六月十八日

改變他

對男人來說，眞正的愛就是接納他。男人遇到自己的另一半時，會全心愛戀對方的本質，而他也需要她回報以同樣的愛，只可惜大部分女人都不了解這點。

女人在尋覓伴侶時，期望的是一個能帶給她幸福、令她深愛的人。她心裡會湧現這樣的感覺：「他很有潛力，我看得出來。我可以改變他，愛能克服一切，我會全心愛他，爲他付出，他將會改變。」

不幸的是，男人絕無可能改變女人的這種心態，但女人倒是可以學著克服這種想法。只要她能不斷對男伴表示感激，即使他覺得她想改變自己，也會比較容易接受。

六月十九日

何時談最好？

男人想獨處時，最好離他遠點，別跟他說話，過了一陣子後，他自然就會回到妳身邊，對妳表示關懷和支持，假裝什麼都沒發生，此時，才是妳跟他談話的時機。

女人想談話或需要與男伴親近時，就應該表示主動。即使對方沒什麼話要說，妳也要先開口與對方分享。

女人若能對男伴的聆聽表示感激，他會慢慢更願意與她談話。

男人也許很樂於與女伴談話，可是一開始卻不知要說些什麼。女人並不了解，男人談話需要理由，他們不會單純爲了分享而聊天，所以女人必須談了一些之後，男人才會開始打開話匣子，發表自己的看法。

例如，她談到今天遇到的問題時，他或許也會想談談自己的問題，以增進彼此的了解。如果她談到對孩子的感受，他也許會跟著談談孩子。假如她的話不會讓他受到指責或壓力，他也會逐漸愈說愈多。

六月二十日 放心溝通

假如女人無法放心談論自己的心情，最後就會變得無話可說。如果男人能創造一個安全的情境，讓女伴不必擔心受拒、被干擾或嘲弄，她就會覺得非常幸福；而且如果男伴擅於聆聽，她也會更信任他、更愛他。

男人若了解，自己的全心聆聽會讓女伴多麼感激涕零，就會覺得聽她說話是培養感情的重要手段，而不是義務，而且能暢談自己情緒的女人，絕不會枯萎。

六月二十一日 犯錯無妨

沒有人是完美的，所以也沒有所謂完美的伴侶。愛就是接納對方和自己的極限，愛的種子若未能著床在寬恕的沃土上，就無法茁壯。我們唯有一再提醒自己，犯錯是難免的，如此一來，兩個人的關係才能愈走愈好。寬恕錯誤，接納生命的缺陷，可以強化我們愛與被愛的能力。

六月二十一日　夏之愛

在愛的夏季裡，我們會了解，伴侶並非如原先想像的那般完美，對方不僅與我們迥異，更是個會犯錯的人，而我們也必須努力經營彼此的關係。沮喪失望在所難免，在兩性關係的園地裡，我們得時時除草，在夏日的艷陽下尤其偷懶不得，此時愛與被愛都不再是件輕鬆的事——我們發現自己常有不快樂、不想愛的時候，跟預期的全然不同。

許多夫妻在此時會覺得夢幻破滅，而心萌退意，於是只會怪罪伴侶，然後袖手不管。其實他們並不了解，愛的路上原本就充滿了荊棘，有時還得在烈陽下揮汗工作。在愛情的溽暑裡，我們必須呵護伴侶的需求，同時索取自己所需要的愛，這種事不會自然發生，唯有耐性、技巧和毅力的灌溉，愛的花朵才能成長綻放。

六月二十三日

「讓我試試別種說法吧！」

當女人說：「你不了解。」其實她真正的意思是：「你不了解我現在並不需要你來幫我解決問題。」

可是這句話在他聽來，只覺得她不知好歹，於是他會氣呼呼地跳起來，在她需要談話的時候，拚命爲自己解釋。

遇到這種情況，女人可以停下來別說話，就當他是在設法了解她，然後對他說：「讓我試試別種說法吧！」

男人聽到這句話，就會知道自己沒有完全弄懂她要說什麼，但不會覺得受傷，也會更樂於聆聽、考慮她所說的話，而不再認爲自己受到批判與指責，所以便會願意對她表示支持。對男人來說，「讓我試試別種說法」與「你不了解」這兩句話根本就是天壤之別，不需要多做解釋。

六月二十四日

溝通與改變

想要男人爲妳付出，妳就得學著用不卑不亢的方式，表達自己的需求和願望。女人若能遇到一個把心力放在努力溝通、而不是悶聲埋頭做事的男人，通常都會過得比較快樂。此外，男人在深入了解女伴的生活經驗、領會到她的感激後，都會更願意改變自己的作法。

六月二十五日

方法重於內容

女人若是對男伴劈頭指責，然後不客氣地給他一堆建議，而忘了用信賴與接納的態度來表達負面的情緒，男人也會惡聲惡氣地回應，弄得她不知所措，結果就會掀起一場兩性之爭。

大多數女人都不知道，「不信任」對他的傷害有多大。

爲了避免傷人的爭執，我們必須牢記，伴侶討厭的不是我們說話的內容，而是說話的方式。所謂一個巴掌拍不響，只要有一方先停止惡口，另一個人也就吵不起來了。因此，終止爭執的上上之策就是苗頭不對，立刻閉嘴。當你覺得戰火將起而未起時，請封上尊嘴，鳴鼓休兵。

在出場休息的時間裡，請妳想想自己的說話態度，試著了解他爲什麼會這麼不高興。等過了一陣子後，再重新以尊重的態度談過。出場休息可使雙方冷靜下來，等療傷止疼、把穩情緒後，再回來溝通。

六月二十六日

開口要求

有些人拒絕向伴侶索求自己的想望，只是覺得：「如果對方眞的了解我，就會知道該怎麼做。」別以爲伴侶會讀心術，爲了自己，也爲了對方，你還是應該老老實實把自己的願望告訴他，同時順便問問對方希望你能爲他做些什麼。

如果你的需求沒有獲得滿足，也要早早讓對方事先知道，別等到失望後再對他發飆。密而不宣的態度，絕對會造成兩人的傷害與積怨。

兩性關係不可能永遠盡如人意，可是如果兩人很合得來，就可以努力讓彼此滿意。唯有開口要求，並勇於談判，雙方的希望才能落實，也才能創造雙贏的局面。

六月二十七日

了解與接納

男人若能設身處地聆聽女人的表白，不妄下評斷，她就會覺得受到了解。體諒不是一種預設自己知道對方想法或情緒的態度，而是從對方的言語中蒐羅其眞正的含意，並認可對方的想法。女人愈覺得男伴了解她，就愈樂於接納他。

當女人全心接受一個男人，而不意圖去改變他時，男人會覺得受到接納。這不是盲目的認可，而是相信他有自我提升的能力，不會強迫他改變。當男人覺得被接納了，就會更願意去聆聽與了解女伴。

六月二十八日

女人的救生索

良好的溝通是現代女性的救生索。一旦缺乏良好的溝通，女人就很難去愛、去接納別人的支持，甚而失去原本溫暖柔媚的特質。因此，女人若能學會用特定的方式支持男伴，必能獲得需要的支持，而顯露出溫柔的一面。

爲了達到這種目標，她一定得了解，男人並不懂得如何聆聽女人說話，充分體認這件事實後，她就能耐著性子，感謝他所做的一切。

聆聽女人說話是一項新的技巧，而且需要時間學習。

女人總以爲，男人若是愛她們，就會想聽她們傾吐，可惜男人不這麼想，因爲心情的分享對他來說並不重要，而且傳統的女性並不會想跟男人分享自己的感覺。

事實上，如果男人沒有先學會閃躲的技巧，他愈在乎女伴，就愈容易受傷。聽到女伴的不悅，男人就會覺得她在怪他，而深深自責。

男人需要女伴的支持，才能坦然去支援她，了解這點，女人才能從容協助男伴，不覺得自己是在求他施捨愛情，同時也能以正面的方式來進行溝通。

六月二十九日

獨處時間

當你獨自活在自己的小天地時，便能輕易壓抑或麻痺心中的不安或痛苦，畢竟待在另一個人的身邊時，你很難做到這點，這也是何以有些人要逃避兩性關係的原因。

這些人可能只會維持短暫的交往，然後就抽身離去，關上心門，徹底鎖住自己的感情。如果你在離開對方時頓感輕鬆，那就表示你在抗拒面對某些積壓的情緒。畢竟封鎖情緒，是比逐一予以處理化解要容易得多。

當我們覺得自己需要離開時，正是探索自己內心、紓解負面情緒的絕佳時機。

因此別小看獨處的必要性，我們都需要離開伴侶獨處，跟自己做溝通。分享固然重要，整理自己的情緒亦十分要緊，只是千萬別拿獨處來當成隱藏自己的擋箭牌。

六月三十日

拉開距離

人常有失衡的時候，因此男人偶爾會選擇獨自思索事情；女人也會談著談著，就開始天馬行空。了解這點後，女人就比較可以忍受男人對她們的漠視；男人也比較可以理解女人的絮絮叨叨和庸人自擾。

七月

直覺、想像、主動

成功的兩性關係需要積極主動的態度，為兩人創造新的契機，重新發掘彼此。

不妨趁著七月（以及所有的月份），用最簡單、最有效的的方式，再次點燃激情，做一場浪漫的逃離吧！

無論是在旅館裡恣意縱情、到森林中的小木屋裡尋歡，或是在湖邊搭一座屬於兩人的香巢，都可以讓你們的想像御風而行，創造一個能重燃愛苗的場景。

一旦有了適當的情境，你將發現，本能會帶著你們來到夢想之境，並重新找到愛。

七月一日 女人需要多些時間

女人本能地知道情緒的無常，以致她必須在彼此認識的過程中，確定男方的感情不會變質才行。單憑他強烈的情緒和保證，並不能輕易讓她心安。

所以，男人必須在每個階段裡，慢慢地做出適當的反應與行爲，這樣才能增加女人對他的信任，使她願意與他進一步交往。尤其在爭執後的和解過程裡，男人往往以爲早已沒事了，可惜他通常得給女伴更多的時間，她才能慢慢釋懷。

七月二日 男人不懂

男人誤以爲，情緒化的女人都很固執己見，卻不了解女人在表露心情時，其實無意下結論或表達定見。

對女人來說，談話是爲了發掘內在的情緒，而非客觀、精確地表述事實，那是男人會做的事。女人若有機會坦白情緒，就能感受到更多的愛。有時她會等到說完話後才發現，自己剛才有多麼口不擇言，但在大部分的情況下，等她能從關懷的角度去解讀後，就會把自己說的話忘得一乾二淨了。

不過，男人卻很難理解這種情緒的轉變，因爲這與他們的本性相牴——男人往往會與反對者苦戰，非得等到對方表示贊同他或找到解決辦法後，才會消氣。假如他眞的怒火中燒，那麼光是聽他說話、點頭表示同意，也都沒有用了。

七月二日

幫他加分

女人有種特殊的能力，能感念生活裡的點點滴滴，這眞是男人的福氣——因爲大多數男人只顧著追求更大的成就，以爲名利能讓自己更值得珍惜。男人心底其實渴望別人來愛與崇拜他們，卻不懂得即使只是一介凡夫，自己依然可以獲得愛與推崇。

女人只要感激男人所做的小事，就可以化解他汲汲於功名的狂熱。當男人開始感受到小事物也可以讓他成功得點時，也就不會覺得自己非闖出一番名堂不可。

七月四日

公平的真諦

兩性生而平等；也都具備智慧與愛心，只是各有其培養及表達潛能的方式。人類最大的能力就是彼此的愛與扶持。每個人都是獨一無二、各具長才的，可惜我們以為自己必須跟別人看齊，才能獲致平等。其實若能尊重並欣賞彼此的歧異，就能爭取成長的機會，發掘自己真正的長處。一旦了解人類的相依相持，我們就可以學習發揮所有的能力。

七月五日

性的療效

做了一場過癮至極的愛後，男人可以輕易掃除心中所有的不快，性是最佳的男性心理治療方式。

對男人而言，缺乏良好而固定的性生活，會使他很容易忘記自己對伴侶的感情，即使表現得彬彬有禮，他也無法感受到兩人當初的甜蜜，而且性生活上的缺憾，會讓他開始放大女伴的小缺點。

同時，如果女方長期對性生活不滿，就很容易在層層責任的逼壓下，變得相當冷感，忘記自己對性與官能之樂也有欲求。缺乏愛侶浪漫的支援，她會覺得自己的時間都被剝削殆盡。

七月六日

魔鏡啊，魔鏡

假如伴侶、父母、子女或朋友表現出憤怒、恐懼、悲傷或需索的情緒，而你開始覺得很厭煩或抗拒時，也許他們只是反映出你心底積壓的東西。由於你對自己的情緒十分反感，便連帶討厭對方的反應。

討厭伴侶的情緒反應，也許是因爲你把同樣的情緒強壓在自己心裡。

另一方面，如果伴侶表現出來的情緒非但不會惹你生氣，你還能輕易幫對方撫平，你心裡多半也就沒有這方面的問題。了解這點後，你可以藉助自己的反應，來發掘積壓的情緒，並予以紓解。

七月七日 發掘不同的情感需求

兩性通常不知道對方有不同的感情需求，因此也不懂得如何互爲奧援。

男人只知按自己的需要去爲女方付出，女人也一樣，雙方都覺得自己明明付出很多了，卻得不到回收，以爲對方不了解或不感激他們的愛。事實上，兩人確實都在付出，只是力氣沒花在刀口上罷了。

兩性誤認爲彼此有著相同的需要和欲望。

比如說，女人會抱持善意，東問西問，以表示關切，殊不知這種作法讓男人煩透了。因爲他需要空間，覺得她管得太多了。然而，他的反應卻會讓女方大惑不解，因爲如果男方這樣待她，她一定會非常感謝。

同理，女人在不高興時，男人會出於關懷且爲了淡化她的問題，會說出這樣的話：「安啦，又沒什麼大不了的。」或者完全不理她，覺得自己是在給她空間，讓她自己去冷靜一下。但他自以爲是的支持，卻讓她覺得備受冷落，因爲心情不好時，她需要有人來聆聽與了解。

如果你不懂得兩性需求的差別何在，就無法了解爲什麼自己的熱臉會去貼到別人的冷屁股了。

七月八日 談得來更重要

男人會用他的眼光挑選感情及外觀上都能吸引他的女性，並在開始約會後，漸漸發展出彼此的話題。男人希望除了肌膚之親外，更能與她心意相連；除了外貌的吸引外，男人也希望女伴的想法、感受及生活處理方式，能讓他驚艷。

男人或許會覺得很多女性都很有意思，但只有少數擁有他喜歡的特質的女性，才能吸引他的青睞。男人若能與這些女子認識並交往，就更能提升對女性的認知，進而覺得面貌與友善的態度都不再是最重要的條件——因爲她還得與他談得來才行。

男人在婚姻中可以抑制自己的性衝動，來增強對伴侶的感覺。在勃起時，若能多花點時間和女伴談話，就能提高自己對女伴和其思維的興趣，或是在事後一起聊聊，也可以增進智性上的情趣。

七月九日 別潑冷水

男人在失敗時需要時間思考，慢慢釐淸自己的責任。不幸的是，女人在這種時候往往會衝口而出：「我早就告訴過你了。」或者「你早該……」「你明知道……」「你怎麼可以……」「你當初爲什麼不……」「你從來就不會……」或是「我知道你心裡一定很難過。」

她以爲這些話能讓他牢記自己的錯，實際上卻只會徒增他的反感，迫使他爲自己辯解。在這種情形下，即使他承認錯了，也會忘記該學的教訓。男人只有在不被糾正、不被拒絕的狀況下才會學乖，因爲他需要支持來改進自己。

上述那些話之所以不管用，那是因爲在他還沒開口求援之前，女方就自作主張去安慰或糾正他。其實男人在面對壓力時，最聽得進去的話是：「怎麼啦？」這能幫助他更客觀地審察自己。

七月十日

求歡與談話

知道女伴喜歡性愛之後，男人會經常向她求歡。如果他覺得自己受到拒絕，或得哄半天才能讓她點頭，慢慢就會變得不願再開口，而日趨被動冷漠了。

就像女人需要男伴深情的聆聽一樣，男人也需要放心地求愛，不擔心會遭到拒絕，才能維持熱情。

男人若不想談話，可以溫和地表示：「我很想了解妳的心情，可是我得先獨處一下，再來跟妳談。」一看到他關心自己的感受，女人就會覺得被疼了。

同樣地，女人若不想做愛，也要讓男伴知道，其實她很喜歡跟他親熱，只要等她心情對了，很快就會回來開開心心陪他做愛。

了解男人害怕受傷後，女人自然會更體貼男伴，讓他不畏懼求歡。良好的溝通能增長女人的性欲，而對性的期許，也會讓男人更關愛自己的女伴。

七月十一日 明確的暗號

女人需要明確的暗示，才知道何時可以跟男人談話，同理，男人也得知道女人何時需要他的建議；何時只是想傾吐心事。

女人在要求男人或跟他談話前，應該先停下來，確認他是否需要一個人靜處。假如他沒空理妳，最好稍後再跟他談。倘若女人可以用這種方式來表現對男伴的支持，他不但會縮短獨處的時間，還會更愛她。

至於男人在靜處時，女人則千萬別苦苦相逼，不妨用一種從旁協助的心態，抱持溫和與信任的態度，而不是急著去改變他，這樣對男人不僅是一大吸引力，更能促使他縮減獨處的時間，兩人的關係也能獲致大幅改善。

七月十二日

他為什麼跟她在一起？

兩性各自爲了不同的理由在一起，男人最喜歡的一點，就是覺得自己有所貢獻，希望跟女伴分享自己的得意。男人在女伴面前自信愈高，就愈喜歡跟她相處。

女人若想抓住男人的心，不妨徵詢他的看法。男人若覺得女伴很看重自己，就會更自豪、更喜歡她。女方愈是喜歡他的作爲，他就愈離不開她。

女人向男伴徵詢意見時，男人會很重視她的反應。假如她不認同或不喜歡他的看法，千萬得幫他留點面子，或是至少要裝出感激涕零的模樣。男人最會做這種事了，可是女人就不太做得來。以下是男人會對男人說的客套話，女人不妨參考一下：

「你這點子眞棒，我怎麼從來沒想到？謝啦，你眞是幫了大忙！」

「說得好，眞是一語驚醒夢中人啊！」

「你的話很有道理，眞高興我來找你談，聽聽不同的意見眞的幫我釐清了一些疑點，謝謝。」

七月十三日

男人急不得

優質的性生活並不表示每次都有激情演出，但細心體察伴侶不同的需求卻是絕對必要的。理想上，每次做愛時，雙方都應該感到心滿意足才是。

男人常會忘記如何才能在床第間取悅女伴。一開始因爲他不確定她要不要或喜歡什麼，所以他會慢慢來。等兩人有了固定的性關係後，他的速度就會加快。男人並不了解，溫柔專注的撫觸，最能喚起她的情欲。縱使他在書上讀過這些事，可是興頭一來，就全都拋到九霄雲外了，因爲那不是他們的本能。

七月十四日

專情的重要

教科書上從沒寫過專情的重要，以致男人連如何忠於妻子都沒學過。其實這很簡單，只要當他注意到路旁野花而歪念竄生時，就該立刻回想跟妻子做愛的激情時光。如此一來，每次心生淫念之際，便能把性欲導向自己的女伴，經過五到八年的練習後，他會變得更愛老婆，同時也學會了駕馭自己的性欲，不但妻子滿意，自己的生活也更幸福成功。

七月十五日

先天與後天

兩性並非僅在生物及生理上有別，就連心理也迥異於對方。比如說吧，大家都公認女人的直覺比男人強，更重視愛與人際的關係，面對壓力時會有不同的反應，對兩性關係的問題看法也不一樣。如果硬要說這些差異全是文化和幼兒教育所造成的，不但非常牽強，而且荒謬。

雖然文化和父母的教養當然也會影響兩性的差異，但卻不是主因。從比較務實的觀點來看，人類的基因序列早已注定了男女之間的差異。只是隨著成長的過程，這些天生的差異又受到家庭及文化條件的強化罷了。

因此，我們不可能設計出一套固定的樣版，硬套在每個男人或女人身上。一般說來，兩性應該在追求發展個人潛能的過程裡，不斷去培育並珍惜自己，而不是爲了討好別人，放棄了自己的特色和性格。

七月十六日

開車門

浪漫的儀式或習慣，是表達情意的簡易門徑，幫對方開車門就是其中一項，對男人來說，這更是一種示愛的動作。

出門約會時，男人應該幫女伴開車門。萬一他忽略這檔事，女方不妨挽著他的手，讓他陪自己走到車門邊，這樣他就不會忘了。

男人在開車門後，女伴若能嬌柔地挽著他的手臂，會讓雙方感到非常親密。此時女方若表示感激，不但可以讓男人覺得更親近她，她也會更進一步地接納他。

七月十七日

逃避痛苦

成人通常會藉由逃避來控制負面情緒，或許是利用惡習來麻痺自己，或許是幾杯黃湯下肚，以便把愁苦暫拋一邊。但諷刺的是，你愈是逃避痛苦，它就愈能宰制你。

我們可以學著聆聽心中的情緒，來慢慢化解心結。

兒時的創痛很容易左右人們長大後的感覺與行爲。因此，除非我們能夠以愛爲出發點，用心聆聽這些負面情緒，否則它們只會不斷浮現，干擾我們的情緒與溝通能力。

爲此，你不妨把負面情緒寫出來，等到能夠啓出隱匿的正面感情後，溝通就不再困難了。當你能溫和分享心底的困擾時，伴侶也會很容易聽進你的話，並表示支持。

七月十八日

控制熱情

男人若能體會心中的激情，並學會自制，女人就可以拋開束縛，盡情宣洩她的熱情。男人的自制，不僅讓女伴更滿足，也能將性的歡愉提升到更高的層級。

我建議那些煞不住車的男人，在親熱前一天淋浴時，先自行發洩一下，以提高控制力。不色急的男人，自然比較能掌控自己。

另一種延長勃起的方式就是鍛鍊控制排尿的肌肉，在小解時控制射尿，等你明確感受到這些肌肉的運作後，每回收縮十次，一天練習三回，等這些肌肉變得更強壯了，你在床第間的表現自然會更得心應手。

七月十九日

心靈的契合

男人眼力漸高，懂得挑選身心靈三方面都能吸引自己的女性後，他會開始體會到心靈契合的力量。

身心靈的全面吸引，可以讓人嘗到心靈契合的甘美滋味。

他的愛會讓她了解，眼前的人雖未臻完美，卻最適合自己。愛使他看到她的好，而願意傾力支持。隨著感情日深，他就更清楚誰是他終生攜手的伴侶了，這項決定並非基於一連串的外在條件，因爲心靈比理智看得更清楚。

七月二十日

化解負面情緒

負面情緒若沒有獲得化解，我們就很難去了解、包容別人的問題；童年創傷若能獲得徹底的治癒，我們就更能分享自己的情緒，心平氣和聆聽伴侶訴苦。

愈是逃避痛苦，就愈討厭聽別人抱怨。假如聽別人述及童年創傷時，你只覺得心煩意亂，那很可能表示你就是用這種態度來對待自己。

呵護自己，才能治療舊創。

人都有千情百緒，雖然理智告訴我們，沒有理由生氣，但心裡就是翻攪不已。碰到這種情況時，你應該把自己的情緒抽離，仔細關照，然後問問自己：「怎麼啦？你難過嗎？你覺得怎麼樣？什麼事讓你不高興呀？你在怕什麼？想要什麼？」

當我們滿懷悲憫、聆聽自己的心聲時，負面情緒自然會不藥而癒，我們也才能以更溫和、尊重的態度來因應世事。

七月二十一日

不要太主動

男方停止求歡，或女方主動的次數過於頻繁，往往是夫妻不再歡好的主因之一。如果老是由女人採取攻勢，不但女方會漸感不悅，男人一陣子後也會失去興趣。

如果女方比男方主動，他最後反而會變得被動。雖說積極向他示意無妨，但若只是一面倒的求愛，他就會興趣缺缺了，而且甚至連自己爲什麼會這樣都搞不懂。

如果老是由女人採取攻勢，男人會變得被動而意興闌珊。

大部分男人都不知道女方要主動到什麼程度，才會讓他們倒胃口。有些男人一開始很喜歡女方的夠辣、夠熱，覺得自己可以因此排除被拒絕的風險，但是，一旦等他們不再感興趣，或突然發現別的女人更有吸引力時，就只能任熱情逐漸淡去了。

七月二十二日

皮夾與皮包

把女人的皮包和男人的皮夾做個比較，就可以看出男女之間的差異：女人有時會攜帶沉重華麗、色彩鮮艷的大袋子；男人則只攜帶輕巧的深素色皮夾，裝了幾樣基本物件，包括駕照、信用卡和鈔票。

翻開女人的皮包，你很難預料裡面會藏些什麼，有時就連她自己也不見得清楚，不過有件事倒是可以肯定：她會把所有可能需要和不需要的東西全擺進去。

對女人而言，皮包就是她的安全毯。看看女人的皮包大小，就可以知道她要管多少事，女人無論身置何處，都會準備應付不時之需。

七月二十三日

耐心是神聖的

當我們敞開胸懷，就能耐心看待伴侶和自己的極限，若是感到極不耐煩，很可能表示童年的創傷正在影響我們。

長大後，我們學會耐心等待願望慢慢實現，耐心是一種技巧，也是一種成熟度。人一心浮氣躁，就會變得不切實際，好高騖遠。就像我們有時會因爲事情的進展太慢而覺得挫敗，卻不知珍惜已經完成的進度，反倒屢屢否定自己的成就。

女人失去耐心後，不但無法了解男方的努力，甚至還會要求他必須立即脫胎換骨。其實，她應該花更多心思去改變自己的態度，而不是斤斤計較修正男伴。妳應該打開心房，祈求上蒼賜給妳充裕的耐性——因爲妳只能盡人事，知天命。

七月二十四日

浪漫的逃離

就像我曾說過，爲了重燃熱情，最簡單、也最有用的方式之一，就是離開家，做一趟浪漫的逃離，享受不一樣的場景，遠離熟知的日常作息，暫時將所有家庭責任拋諸腦後，而且新環境愈美愈佳。

你不妨至少一個月「逃家」一晚。如果無法到度假勝地或鄰近的城鎮，就到旅館去吧。有時睡在不一樣的床上，自然就會生出遐思。

女人尤其需要不一樣的環境來挑逗情欲，環境的改變能讓女人拋開家庭責任，優美宜人的環境則更能喚醒她內在的美感。

七月二十五日

批評與影響

當我們公然或私下批判別人，當事者往往會暫時變成我們所批判的樣子。例如，我們若批評別人沒愛心，也許他就會暫時表現出那副死樣子；若指責他們不關心，也許他們眞的就撒手不管了。

愈在乎一個人，就會愈重視他的看法。依賴一個人時，對方的想法和感覺就會深深影響你，親密的性關係也能加強別人對你的影響。

七月二十六日

男人的功勞

男人帶女伴出去時，她可趁機捧捧他，感謝他的付出，他會覺得與她更親暱。

兩人一起看電影，而她非常喜歡這部電影時，縱使那部片子不是他導演、他拍的，他也會覺得那是自己的功勞。不過，要是女方討厭這部片子，也要體貼他的感受，不必巨細靡遺跟他詳述片子每個不盡理想的部分，以便維持浪漫的氣氛。男人若覺得自己能讓女伴開心，就會備感得意。

七月二十七日

慢慢療傷

當我們覺得受到拒絕或排擠時，心裡會很難過。這種痛雖然不像瘀傷或割傷一樣顯而易見，卻是眞眞實實、需要花時間療養的。在這段療傷止痛的時間裡，我們不必期望自己表現出最寬厚的一面，而是應該多愛自己一點，等心中有了愛，傷口自然會痊癒，我們也才能再度分享心中的情感。

七月二十八日

男性暴力

報復，大概是表現傷痛最低劣的手段了。

當男人無法自行療傷時，常會衝動得想把氣發洩到別人身上，這是相當重要的一項男性心理。男人常有藉助暴力來抒發痛苦、平撫心情的傾向，動手摔東西或打人的男人，下意識裡想說的其實是：「看你對我做了什麼好事！」其實男人若能學習更有效的溝通，這種傾向就會淡化。

從另一種角度來看，受傷時把氣發洩到別人身上，可以使男人從旁觀者的立場去體驗、抒發那份苦楚。也就是說，別人的痛苦正好反映了他的心情。

男人若學會表達痛苦，就會變得比較溫和。

藉報復的手段來宣洩痛苦，是所有暴力及戰爭的肇端。男人若能學會表達痛苦，就會變得比較溫和。不過，男人在傳達痛苦之前有個先決條件，那就是：必須先能感受自己心中的痛。

其中最重要、也是最初的步驟，就是學習了解女人的痛苦。學會了這一點，男人才能與自己的情感接上線。另一種方法是參加支援團體，聽聽別人的故事，以便有效反省自己，感受自己的痛苦。

七月二十九日

男人的擺盪

兩性關係若進展神速，很快有了肌膚之親，男人就不會再有那麼強烈的欲望，想跟女伴在一起。在某些狀況下，唯有女方抽身，不再主動親近他時，他才會了解女伴對他的重要。不過更常見的情形是，男人會有所保留，然後一旦女方放棄了，他又一副「沒有妳我活不了」的態度，跑回來找她。

這種反應常讓女人莫名其妙。他的回頭往往嫌遲，因爲她已無法回到從前，也不敢相信他這突如其來的愛是眞的。她不願再次受傷，誰知兩人復合後，他不會再變心？

不過，女人若能了解男人這種毛病，就不必再爲他的搖擺不定感到受傷，如果她有把握創造一個能培育愛的環境，他就翻不出她的手掌心了。

七月三十日 給他想要的

伴侶吝於付出，常是因爲我們未能滿足對方的需求所致。所謂要怎麼收，就得先怎麼給，若能接納這個觀點，我們才能了解，自己其實擁有創造夢想的力量。想讓兩性關係更圓滿，就必須學習按照伴侶的需要去付出，而不是一廂情願埋頭努力。當我們成功地滿足了對方的需要後，他們也會開始以實際的支持來報答我們。假若伴侶對我們的付出不爲所動，與其怪對方不知好歹，倒不如設法找到更有效的付出方式。

女人若是一味犧牲而得不到回報，請別急著怪另一半，而是應該先想想自己的作法，然後把氣力用在刀口上。男人其實寧可女方少做一點、快樂一些，而不願意聽她抱怨。只有快樂的女人，才能夠感激並接納她的男人，而這也正是他最渴望的。

七月三十一日　男人與情緒

男人若想培養表達痛苦的習慣，就必須練習聆聽一個跟他境遇類似的人說話。因爲在聽到了別人的痛苦之後，他就能夠去感受、分享並治療自己的傷口，而不會一心想著報復。最後，他會更懂得幫女人分憂解愁。

女人看到男伴面無表情時，常誤會他不在乎自己。事實上，男人的冷漠是因爲拒絕探觸心中的痛、感知不到自己的情緒所造成的，並不是因爲不關心女伴。所以男人若學會聆聽，並感受、傳達自己的傷痛，就能拋開逃避溝通的毛病。

八月

創造、達成、自信

愛使人精神煥發，一個朝氣勃發的人總能創造並達成美好的事物。

女人向男人求助時，他會傾力表現，因為她的信賴、接納、感激、鼓勵與欽崇，都使他走路有風。

男人若能為女人創造一個讓她感到安全的情境，她也會自信大增，達成所有的夢想與願望。受到照顧、了解、尊重和疼愛的女人向來最有自信。

我們常因為對自己持有負面評價，而無法帶給伴侶自信，負面的批判使我們不懂得惜福，最後破壞了人際關係。

為了讓自己更有信心，就得先拋開對別人的負面評價。愛人才能愛己；
愛己也才能愛人。換句話說，讓別人有自信，也等於給了自己信心。

八月一日

愛的力量

有了寬闊的心胸，即使伴侶不如想像中的完美，我們依然能關愛、尊重、感謝他們。愛使我們克服了批判、懷疑與霸氣的態度，縱使我們的心門暫時闔上，最後仍能回歸愛的途徑，畢竟彼此曾經有過許多情深義厚的美好經驗。

在不斷回到愛的初衷後，你將獲得自信，知道自己會找到終生的伴侶，不但能在愛中做適度的妥協，也能在必要時垂首道歉，並饒恕伴侶的錯誤，而不會像許多夫妻一樣苦苦拉鋸。

八月二日

幫他打氣

男人需要學習聆聽女人說話，以滿足她們對愛的需求；女人也得學著去幫男人打氣。男人最需要的，就是來自女方的信賴與支持。她的求助、信賴、接納、感激、欽崇、認可和鼓勵，都會使他意興風發。

幫男人打氣的要訣就在於：千萬別試圖改變他。妳當然還是希望他改——只是別以行動表現。唯有當男人直接、明白地請妳給他建議時，才會乖乖接受協助，自我改變。另一種方式就是祈禱，請求上帝支持我們的伴侶。這種作法不僅讓妳沒有負擔，透過天上小天使的樂意幫忙，妳的伴侶也會很開心！

八月三日　彼此影響，皆大歡喜

兩性若能從正面的新角度去了解彼此的歧異、學習對方的語言，並練習新的關係技巧，便能讓對方表現出最美的一面，雙方也能因此而皆大歡喜。

女伴的幸福是男人的得意，而創造一份能使彼此成長的關係，則是女人的成就。兩性也許仍操持不同的語言，不過，等他們能翻譯且正確傳達重要的訊息後，自然能圓滿和諧。

女人能了解並包容男伴的行爲後，他會慢慢開始轉變，對她更用心。她那溫和的態度，會像磁石般將他緊緊吸住。男人若能懂得閃躲女伴的言語攻擊，並能正確解讀對方的情緒，就能將心比心聆聽她、了解她，讓她感到受寵，進而對他散放女性溫柔包容的特質。

這些技巧一開始做起來也許不太順手，但久而久之就會成爲習慣。其實它們只是人類千百年來，所使用的社交及說話技巧的延伸罷了。

八月四日

男人需要什麼？

被人感激、接納與信賴的男人最有自信。男人非常、非常在乎性，因爲女人的欲火若是高漲，便能大大滿足他上述幾項需求。

女人渴望與男人做愛時，正處於最開放且信任的狀態，她願意卸下所有防衛，在他面前裸裎，讓他進入自己的身體，因此使他覺得受到眞誠的接納。當他每次的撫觸都能引發女伴愉悅的反應時，他會覺得受到激賞，並藉著這種最實質的方式，來體驗自己的力量。

他就像一個徬徨沙漠、饑渴欲死的人，終於可以在性愛的綠洲裡放鬆下來，從中汲飲感情的甘泉。

縱使白天工作壓力繁重，若能轟轟烈烈做上一場愛，男人立刻就能又變成一尾活龍。雖然表面上看起來是因爲性的關係，其實是他再度體會女伴的接納，感到自身的完足所致。他就像一個徬徨沙漠、饑渴欲死的人，終於可以在性愛的綠洲裡放鬆下來，從中汲飲感情的甘泉。

八月五日

放棄批判

對自己的負面評價會限制你的發展，使你無心享受生活，也不懂得珍惜所有。因此，如果你想拋開負面的批判，就必須了解兩性的歧異何在，並學會成功傳達自己的感情、思想和欲求。

一般說來，批判與苛求都是一種低自尊的徵兆。

當你覺得自己不夠好時，同時也會不滿足自己現有的一切，舉凡時間、金錢、愛情和其他種種，你都覺得不夠，就連朋友或家庭也未臻理想。於是，負面的評判漸漸破壞了你的人際關係。

除非能了解、感激並尊重人們的歧異，否則難以拋開批評的心態。當我們懂得接納與感恩，便會慢慢開始接納自己。愛人才能愛己，愛己也才能愛人。有了愛的關係，我們的自尊與自我價值也會日新又新。在愛中成長，是一種緩慢漸進的過程。

八月六日

別逼他結婚

婚姻之於女人，就像性之於男人的意義。假如女人告訴男人，她只打算跟他進行到「二壘」，他就會覺得若有所失，因為男人希望一舉跑回本壘，達到高潮。同樣地，女人也希望在感情上一舉得分，步上紅毯。這是一齣常見的悲劇——女人想結婚，而男人不想點頭。

可喜的是，女人還有另一種選擇：往後退開一步。別訂婚，別逼婚，只要停留在親密關係，用溫和的方式，跟他分享自己的心情就好了。男人對於女人的不忮不求，反應通常會好很多。

她可以告訴對方：「我覺得自己有時會有所保留，我希望你明白我的感受。我很喜歡我們兩個在一起，但我開始想結婚、想擁有自己的家庭。我不知道你對這件事有什麼感覺，不過我最不想做的，就是逼你或告訴你怎麼做。我不確定你是否打算結婚，所以我有點懷疑，我們兩個在一起是不是眞的適合我。總之，我希望你明白為什麼我有的時候似乎顯得猶豫，其實我只是想釐清自己的感覺而已，謝謝你聽我說這麼多話。」這種溫柔的表達方式非常坦誠，如果他有打算，也能刺激他採取行動。

八月七日

先教他聆聽

以前的人說，會吱吱作響的輪子才有人上油，但今天的狀況則是，吵雜的輪子會被人換掉。要求的話說多了，男人聽了煩，女人也覺得沒意思。可是，女人若不懂得如何協助男人聽她說話，就只剩下兩種選擇：不是委屈自己，就是嘮嘮叨叨唸個沒完。

其實這兩種選擇都行不通。女人若想得到所需的愛與支持，就得先把基礎顧穩，只要求男伴聆聽，別試圖去改變他。等他漸漸明白女伴的感覺後，她就可以開始做更多的要求了。

八月八日

內在的懲治

有時疾病是心理創傷的外在表現，也是身體的自我處罰。若從這個角度來看，各種病痛其實都是心靈幽暗角落的外露，也是一種內在的懲治。從正面觀點來講，我們剛強的一面會負責去服務別人；陰柔的一面則會負起自我療傷及個人成長的職責。

傾聽自己柔弱的心聲，可以治療病痛與苦厄。善良而富愛心的人之所以常常孱弱不堪，也許是因爲他們不敢大方接受別人的贊助吧！有時最擅長付出的人反而拙於接受，最後反而危害了自己的健康。

八月九日

一廂情願

男人接受了女人的付出後，便會更大方地需索無度，而女人一旦接受了男人的供給之後，則會更樂於爲他付出。女人若不了解兩性在這點上的差異，就會誤以爲自己付出愈多，男伴就愈喜歡她。

男人專注的聆聽，絕對會讓女人傾倒，假如他還留意到她的需要和願望，並慷慨支持，她會覺得受寵若驚，但事情一反過來就不一樣了。

女人聆聽男人說話時，他只會更顧著自說自話；若是爲他做事，他就只會蹺起二郎腿，也不了解她爲何要如此賣命。

八月十日

相異更來電

獨身者常誤以爲，靈魂伴侶會與他們分享所有的嗜好，結果便四處尋覓，希望找到一個跟自己興趣相仿的人，其實可以找到靈魂伴侶的地方多得很。

伴侶的嗜好與你不同時，兩人反而更來電。

你當然可能找到一個跟自己志同道合的靈魂伴侶，但也可能在一群興趣迥異的人中間，找到自己的那瓢弱水。男女會步上紅毯，不見得是因爲有共通的興趣，有時反而是因爲雙方不同的嗜好所擦出的愛情火花。至於後來兩個人何以能和諧相處、尊重彼此的差異，這主要還是因爲有了共通的價值觀和良好的溝通。

八月十一日

和諧共融

眞誠的兩性關係始於對「男女有別」這個觀念的了解與欣賞。有了這項利基，我們可以更確切地欣賞彼此的差異，並藉此激發了解、接納、忍讓、和諧等正面的態度，使兩性相吸，互重互愛。

當我們能透過坦誠的分享和聆聽來了解彼此後，就能開始揚棄負面的批判，明白兩性的嫌隙並非來自本質的歧異，而是我們對歧異的偏見與誤解。

八月十二日

分享你的愛

男女關係會破裂，往往不是因爲兩人不再相愛，而是因爲缺乏技巧，不知如何運用有效的方式去分享愛。

有時愛因爲藏得太深，以致我們不敢表達——因爲只要用高牆把愛圈住，自己就不會受到傷害，可是這麼一來，你也與愛情斷了線。

因此，許多人困坐在自築的愁城裡，不知如何尋找眞愛。如果我們不懂溝通與關懷的基本技巧，一生便會錯失無數愛的機會。

八月十三日

態度的力量

男人決定積極追求女人時，對她的興趣才會增濃。反之，若只是可有可無的交往，女人對他的吸引力就會變淡。

當男人對女方表示積極追求時，她就有機會探索自己對男方的反應。女方的眞誠反應，會使她在適合的對象眼裡更加迷人。了解這一點後，約會就成爲雙方探索及評估兩人發展的大好機會。

假如女人積極倒追男性，反而會使他變得被動，即使他喜歡她的風趣與熱情，卻不會增添她的吸引力。可有可無的心態不能激發男性最好的一面，等過一陣子，他會開始受到其他更能讓他發揮的女子吸引。

同樣的道理也適用在婚姻上。男人過於被動時，女方就會更主動，甚而對他感到不滿。同樣地，女人若過於積極經營兩人關係，反而會讓男人過分被動，以致對她失去興趣。明白這點之後，我們可以設法找到平衡點，維持一份長久逾恆的愛情生活。

八月十四日

愛與屈從

許多人誤以爲，屈從就是愛的表現，「如果她愛我，就會按我的意思去做。」或者「我愛你，所以即使我不願意，我還是會去做。」其實，爲了得到愛人的歡心而犧牲自己的需要與願望，反而只會扼殺愛的感覺。當你不再關心自己的需要，這段關係就只剩下一個人，一個被掏空了的對象，有什麼好愛的？

透過折衷的辦法，我們可以保有自我，同時爲愛做適度的犧牲。

愛一個人並不表示把他擺在自己之前。假如你以爲吹捧對方、貶抑自己，就可以深獲對方的喜愛，那就大錯特錯了。假如你對伴侶的關心多過自己，有一天你將發現，你的伴侶也會這樣想。

八月十五日

負面的自我對談

女人會以主觀的態度和負面的自我對談來傷害自己。所謂負面的自我對談，主要徵兆就是無助、低自尊與自憐。由於自憐，所以否定了自己有開創生活的能力，同時還間接把罪過推給別人，以彰顯自己的無助。

例如，她會自怨自艾地認爲：「沒有人感謝我，沒人知道我有多辛苦、犧牲有多大。」堅持這種「我很可憐」的態度，就等於否定了自己擁有改善生活、尋求快樂的潛能，因此，把自憐當成一種心理暴力其實並不爲過——因爲它跟剝奪別人快樂的外在暴力一樣，也會局限一個人追尋幸福的能力。

女人若能學習去感受並抒發心中的創痛，自立自強，最後必能贏得所需的同情，因而慢慢擺脫自憐的傾向。同理，男人若能學著分享並了解別人的痛苦，也能漸漸化去暴戾之氣。

八月十六日

別說不贊成

有時，女人會覺得「反對」是讓別人聽到自己聲音的唯一辦法，其實它本身並沒有什麼不好，只是別用打斷的方式來表達，而是應該告訴對方：「我對這件事有別的看法……」或是「我的角度倒跟你不太一樣……」

這些柔和的說法不僅讓男人容易接受，也會比較容易引起他的注意，因爲這話的意思是：「我覺得你的說法有點小問題，而我有一些不太一樣的看法。」聽到這樣的話時，他會想知道妳究竟想說什麼，而不會覺得遭到冒犯。

當然，女人不該爲了表示友好或禮貌，而隨便苟同男方的看法。但是，若能學著用更圓融、更和平的方式來表達反對意見，妳會比較能設出界線，堅持不同的立場，而且不會擔心失了他的歡心。一個懂得溫和抒發己見的女人，往往最能獲得男人的垂青。

八月十七日

治療憤怒

憤怒跟感冒一樣有礙健康，當女人開始憤怒，往往會否定男伴為自己所做的一切，因為她覺得對方只付出兩分，自己卻做了八分。

一旦女人自覺付出超過所得時，心理上就會出現一些變化，進而在不自覺的情形下，把雙方的分數扣掉，結果認為自己只做了六分，他什麼都沒做。從數學的計算上來講，這當然說得通，可是放到實際生活裡，卻是錯誤的。

男方眞的什麼都沒做嗎？其實不然，他當然可能還是付出了兩分。不過，如果女方因此對他冷言冷語，擺著一張臭臉，男方就會覺得女方不懂感激，認定再做也是枉然，於是他也得了憤怒病，這麼一來，她又更氣，以此類推，兩人關係只會每下愈況。

患了憤怒病的女人，會開始否定男人為她所做的一切。

若想化解憤怒病，女人必須為自己的只顧犧牲負起責任，把自己當成感冒患者，好好休養生息，別再一味犧牲。她必須寵寵自己，讓男伴多分擔照顧她的工作。

至於男人，他必須了解女人需要他的補給，才有餘力再付出。不過，當他願意從瑣事上去關懷、去愛她時，可別期望她會立即表示感激。別怪她氣量那麼狹窄，因爲他忘了照顧她的需要，所以他也有一份責任。

明白這點後，男人可以只付出而不求回報，直到她氣消爲止。如果男方知道自己可以解決這個問題，便能擺脫對女方的反感。假如他繼續付出，她也能專心休息並接受他的寵愛，那麼兩人的關係就能很快恢復平衡。

八月十八日

從聆聽中學習

男人若學會聆聽女人的感受，就更能覺察到自己的情緒，並變得更同情、關懷、了解並尊重女人；女人若能感受到對方的熱情，也能更坦白表露自己，在漸增的愛、信賴、接納、寬恕、感恩與自信中，治癒心中的創痛。

面對壓力時，你要學著照顧自己，而不是倚賴伴侶，這樣才能爲自己負責，享受自我發揮的美妙經驗，同時相信自己在壓力逼近時，有能力去支持心愛的伴侶。

八月十九日

練習生氣

每當你情緒低落時，潛意識裡會有一股小聲音在責怪自己，而憤怒可以容許你將那些情緒發洩出來，爾後揭示出愛的力量。

憤怒有三個步驟：

1. 表達憤怒，並責怪自己（使用「你」的人稱，以抒發怒氣）。
2. 表達自己的希望（用「我想要」的語氣）。
3. 用正面、關愛、支持的態度來說話。

如果你能獨力操作這個過程，效果就會更佳。若是與伴侶同做，請想像對方是你，然後開始向他表達不滿，並請伴侶把每句話重述一遍。

這個方法效果之驚人，很難訴諸筆墨，唯有你親身領會，才能理解。下一次你想讓心情變好，想恢復朝氣與率真的時候，就找一件跟你有關的事去生氣吧，等氣發洩完後，你也會好過很多。

假如你找不到可以生氣的事，不妨想像或回憶過去的不愉快。如果你的情形不適合做憤怒的表達，不妨把它們寫下來，有些人會把怨言錄成帶子，在開車上班途中播放，讓自己一邊聽、一邊把每句話重述一遍。因此在錄製過程中，別忘了在句子之間留下空檔，以利重述。

八月二十日

愛的年代

千禧年是兩性關係及世界和平最有希望的年代。在這之前，人類的首要目標在於求生存，但過去幾千年來，愛的重要性已經緩慢而穩健地逐漸遞增，成爲所有人類的指引力量。普遍存在於兩性關係中的不滿，正是世界渴望和平的表徵；各國之間的爭端，也是因爲世人無法分享愛所造成的。

如今我們不再逃避內心的感情，反而渴望去愛，而且這種想望已經形成了一股風氣。雖然人類生而具備愛的能力，技巧上卻仍有待學習。當我們開始知道如何去愛時，也等於是在爲世界的和平鋪路。當我們能生活在愛當中，世界就有了希望。

八月二十一日

引發她的至善

每個男人都有讓女伴發揮至善的力量，但很少人知道這點。如果男人能用女人的眼光來看自己，就會知道自己有哪些特質與行爲可以讓她愛戀、情不自禁。可惜男人幾乎不可能從這種角度去看自己，因此也不明白自己早已擁有女伴最渴望的東西。

我們常以爲，男人之所以吸引女人，是因爲他人很好、有才華、很帥、友善、風趣、機智、強壯、富有、成功或聰明。暫且拋開這些不說，其實男人最吸引女人的一點，是他能讓她感受自己的女人味。換句話說，肯用心的男人，最能令女人傾倒。

八月二十二日

學會寬恕

了解我們的想法和情緒會引發對方的某種反應後，並不表示我們就得幫對方找藉口，這只是多了一層了解，以便我們更體諒對方罷了。

批判的態度會造成暫時性的關係異常；憤怒則會刺激持續性的關係失衡。男人若對妻子的情緒表示反彈，往往會使她變得非常神經質。一個對先生的冷漠感到不平的妻子，也許反倒會逼得先生更疏遠她。

憤恨會使人執守負面的批判，因此，除非我們懂得寬恕，否則它們會在心中根植。若是抛不開批判的心態，我們就會變得苛求、挑剔。無論你多麼善於掩飾不平的情緒，你的行爲、反應、言語、肢體語言、眼神及語氣，都會洩露你的心事。

無論你多麼善於掩飾不平的情緒，你的行爲、反應、言語、肢體語言、眼神及語氣，都會洩露你的心事。

不過，若能化解怨怒之氣，即使對人有所批評，你也能很快地以正面評價予以取代。爲了不讓積壓的憤怒破壞愛的成長，發洩怒氣的第一道步驟，就是對自己的反應負責，深入了解伴侶。等到兩人能好好溝通後，寬恕就不再是難事了。

八月二十三日

好好愛自己

你若不在別人面前委屈自己，就能盡情發揮長才。你愈懂得珍惜自己，就愈能放得開；愈是放得開，別人就愈能欣賞眞實的你，而非你刻意營造的形象或假面。

於是，別人的欣賞與喜愛，也能提升你的自重自愛。這是一種愛與自我表達的良性循環。但是，你若不愛自己，只會拚命掩藏眞實的你，就會出現相反的惡性循環。

對每個人來說，世界就像一面大鏡子，反映出我們的眞貌。每個人都從不同的角度去解讀世界，你所選擇的角度，也決定了你對自己的觀感。

八月二十四日

善用女性特質

男人需要不斷體驗自己對女伴的影響。當他覺得女伴需要並欣賞他時，就會更珍惜兩人的關係。女人若能對男伴所做的小事表示回應，必能引發他更深切的愛與關心。

女人若學會使用自信、包容和回應等三項女性特質，來反應男伴的作爲，必能深獲他的寵愛。

八月二十五日

愛不等於滿足需求

兩性關係到了水乳交融的程度時，我們會在對方身上看到自己的身影。所以，當我們去滿足伴侶的需求時，自己也獲得了回報——因爲兩人已合而爲一，不分你我。在坦然的付出中，我們會體驗到此生最大的喜悅。

然而，當愛情充滿苦楚、不再愉悅時，我們感到困惑；當愛情變得艱辛時，我們要求伴侶幫我們解決。許多人把愛與需求混爲一談，以爲愛就是滿足需求，而事實上，當對方接受我們的愛時，那種愛的感覺才是最無可比擬的。

八月二十六日 學習放下

也許你很想去愛，甚至也願意費盡全力去嘗試，可是，除非你能拋開心中的怨怒，否則你的愛永遠摻有雜質。沒有怨，才能不費力氣地去愛。若是愛得辛苦，就表示我們心中有怨懟。

如果你的正面態度做得十分牽強，那就是虛構出來的。聆聽者必能覺知到你的不滿而處處設防，以免受到你的言語中傷。

了解憤怒後，你就比較容易為自己的關係負責。你若坦承自己的負面批判致使對方日趨固執或疏遠，就會更願意為自己負責了。

八月二十七日 創造小驚喜

女人往往忙著照顧家庭，忘了找時間讓自己休息。假如此時男人能安排一些特殊活動，讓她卸下日常的重擔，她就會精神煥發。

慶祝、派對、禮物和卡片也是很好的方法。女人最重視這些了，她們會格外感激男人對她們的禮遇。男伴能記住她的生日、週年慶、情人節等，對她更是別具意義，男人不妨趁此爲她做些特別的事，讓她不僅能忘卻日常的重責，更覺得受寵若驚。

柴米油鹽是扼殺熱情的頭號殺手，即使你十分喜歡現狀，但若能偶爾打破常規，瘋狂一下，必能創造特別而美好的回憶，讓兩人常保熱情的關係。

八月二十八日

甜言蜜語

女人每天都得聽點甜言蜜語，以確定伴侶深愛著她。也就是說，男人得對她說：「我愛妳，我愛妳，我愛妳，我愛妳，我愛妳。」這句話的說法基本上只有一種，而且必須不斷地重複。

然而，男人有時不是很想說這三個字，因爲他們希望能說點有創意的東西，怕女人會聽膩，但「我愛妳」這句話絕不嫌多，而且唯有說出來，她才能感受到他的愛。男人可以把這句話跟另一句他自己百聽不厭的話做聯想，那就是「謝謝你」。男人在幫別人做了事後，很少會嫌別人謝得太多。

另外，女人還很喜歡的一句是：「我了解。」如果男人眞的了解，別不好意思，就大聲說出來吧！聽到男人說：「我了解。」時，她才能肯定他聽懂自己的話了。此外，男人也很喜歡的一句讚詞是：「你說得很有道理。」這也會使他受到莫大的鼓舞。

八月二十九日 女人的價値

許多女人以爲，自己必須有所爲，才能贏取男伴的注意與歡心，其實不然。她們只要對男伴的作爲表示接納與關注，就已經是莫大的利基了，因爲女人的包容與接納，就是對男人的回饋。

由於男人的服務會令女人心花怒放，男人的積極追求更吸引女人對他的好奇，以致女人誤以爲男人也跟她一樣，事實上卻不然。男人更在乎的是女件的反應，而不是她的犧牲和付出。

事實上，女人若能坦然接納他的追求，並稱許他為了滿足她所做的努力，就是男人最大的安慰。對男人來說，能夠成就一段美好的兩性關係，是人生的一大滿足。

八月三十日

探索之旅

人活著都有目標，我們愈了解、愈接納自己剛柔共存的特質，就愈清楚自己和自己的才能。我們可以探索這兩股不同的能量，發掘自己的潛能。這趟探索之旅會使我們的心思更加清明，而激發出更多的自尊、自我價值、自信、幸福與祥和之氣。

八月三十一日

改變與成長

對已婚夫妻來說，保持新鮮的感覺非常重要。再喜歡的歌，連續聽上一百遍也會耳朶長繭，伴侶若是停止成長，或未曾改變，日子久了，相處起來也會變得相當無趣。

相愛並不表示兩人非得一天到晚黏在一起，其實太過黏膩反而會使關係變得平淡無奇，神祕感盡失。唯有各自皆有其他的朋友和活動，雙方才能時時將新事物帶進兩人的關係裡。換言之，在健康的兩性關係裡，雙方都必須擁有個別、以及與其他人一起活動的空間，然後再回到兩人世界中親密相處。

九月

知識、表達、平衡

九月是秋收的月份，回收兩人一路攜手相伴所得的知識與愛。若能靜心回首過往的風風雨雨，我們才能了解自己有了多少進境。此時正是坐下來，感念彼此的情深義重、泯去一切舊恨的時刻。

如何在付出與接受中取捨，並不是黑白分明的判定，而是一種持續的過程。當我們開始覺得自己付出得太多時，就必須退一步畫清界限，要求對方給與我們鼓勵與支持。

求取我們需要且應得的支持固然重要，但請牢記一點——愛的付出往往最使人充實。愛的體驗是一種福氣，可惜人很容易忘記惜福，而迷失在怨懟之中。我們若能在關係失衡時，學著去原諒伴侶，重新來過，必能體會愛的喜悅。

看到伴侶的缺失，我們常會忘了他們其實不僅已經竭盡全力，而且還深愛著我們。此時若能想到他們的努力，我們的心就會軟化，感恩不已。對伴侶的關愛，不僅能幫助他們，同時也賦與了我們生活的方向和目標。

九月一日

你到底覺得如何？

我們在成長過程中，由於不懂得處理及表達內心眞正的情緒，爲了安全起見，於是便學會壓制它們，希望能不了了之。長此以往，我們也慣於打壓所有危險、難以接受或困惑的情緒。

同時，爲了確保衆人能夠接受，我們只敢體驗那些不會干擾、威脅自己或別人的情感，結果對自己的情緒反而十分陌生。換句話說，我們只會用理智來告訴自己該如何反應，而不是發乎眞心去感受。

事實上，發掘深埋的情緒是個人成長中極爲重要的一環，因爲情緒若受到打壓，你非但無法認識眞實的自己，也不知道自己究竟想要什麼。於是，你自以爲需要很多東西，但得到後卻又悵然若失——因爲那不是你眞正想要的。因此，我們若能明白自己眞實的感情，儘管情緒起伏跌盪，生活卻必定更豐富充實。

九月二日

壓力管理

不論你是運用客觀、還是主觀的觀點，同樣都可收到減輕壓力的效果。男性的減壓辦法就是改變或消除壓力的對象；女人則是修正自己的態度或想法，用寬恕、愛、感激或忍讓的方式來迴避壓力。

其實這兩種方法若能融合運用，將能帶來最好的結果。

九月三日

男人的婆婆媽媽

理想上，男人應該只冀望女人滿足他男性面的需求，對他表示感激、接納與信任，而別期望她能包容他的婆婆媽媽。男人愈胸有成竹，就愈堅強，同時也更能體貼女伴的需要。女人最感謝男人的細心體貼了，她的感激也使他覺得更堅強、更愛她。

但是，如果男人偏偏比女伴敏感，也許就得花上好幾年才能平衡兩人的關係，重拾自己的男性雄風。

在這段期間內，他不該讓自己的敏感變成她的負擔。例如，假使他覺得受傷或需要安慰時，應該去跟男性友人談，而別把她當成主要的支持與分享對象。

九月四日

男人沉默時

女人最大的挑戰，就是在男人悶不吭聲時揣測他的心意，並給與支持。

男人常常話講到一半，就突然不說了。一開始，女方也許會以爲男方沒聽到她說什麼，所以才沒反應。但事實上，男人在說話或回應之前，常會先在心裡思索剛才聽到的話或體驗的事，默默在腦裡想好最妥善的反應，然後再表達出來，這個過程可能需要幾分鐘到幾小時的時間；更慘的是，如果他得到的資訊不足，也許根本就不做回應。

因此，女人必須了解一點，當男人默默不語時，其實是表示：「我還不知道該說什麼，不過我正在想。」

九月五日

女人的不平衡

兩性關係常出現一種狀況，那就是女方往往爲了保持和諧，避免衝突，而不斷地妥協、修正自己。當女人決定改變自己，頻頻犧牲或放棄自己的立場，而伴侶卻未能做同樣的付出時，她就會感到憤憤不平，進而不自覺地想改變對方。此時她所有的溝通都會讓男方覺得霸氣而厭煩，以致最後對她表示拒絕或反抗。

長此以往，如果屢試不見效果，女人就會變得頤指氣使——因爲從來沒有人教她如何才能達到目標。其實重要的是態度的轉變，而非行爲或說話內容的調整。女人若能拋開對男方的不平與不信任，自然能獲得更多所需，也能坦然表達眞實而溫柔的一面。

九月六日

辛苦有價

男人一天工作下來，可能已經累歪了，不過假如女伴對他十分滿意，他還是會覺得很充實。當他感受到伴侶的感激時，壓力就會頓減。

女人的感激使男人如沐春風，吹散他一天的工作壓力。

不過，當女人疲累至極地下班返家，先生的歡顏卻未必能讓她開心，他能懂得感謝她的辛勞固然很好，但我們已經說過了，女人更需要的是溝通和支持，心情才能轉好。

男人需要感激，女人需要溝通，了解這一點，才能創造互惠的兩性關係。

九月七日

男人的自我中心

男人常令女人不解的一點是，爲什麼他上一分鐘還如此深情款款，下一分鐘就突然變得自私自利了。由於女人不熟悉這種態度的切換，便誤以爲都是自己造成的。

她並不明白，男人一旦專心做自己的事，就會完全漠視旁人的存在。當他把焦點放在取悅她時，就會表現得十分殷勤；當他覺得女伴很開心了，而且自己又找到一個新的目標（如工作上的問題等）時，自然就會把所有注意力集中在新目標上。

男人在面對壓力時，甚至會心無旁騖到不管別人死活的地步。其實他們不見得是自戀或自私，只是看似如此罷了。

男人一卯起勁來做事，就把其他事忘得一乾二淨。

很多時候男人追求目標是爲了別人或支持別人，心裡其實還是充滿了關懷。

九月八日

體驗分享智慧的奇效

人愈成熟就愈長智慧，也更懂得自律。假如我們染患惡習，最後必定會厭煩自己，轉而開始向懂得安排生活的人士求助。

若是參加支援團體，你將有機會體驗到分享智慧的奇效。支援團體的種類繁多，有教會贊助者、單親團體、戒酒中心等等。這些地方都非常適合結交新朋友，他們將爲你開啓許多新的門徑，幫你找到自己的靈魂伴侶。

九月九日

解讀女人的煩亂

男人很容易只想著一個問題；女人則會爲許多事煩心。諷刺的是，女人之所以心煩意亂，部分原因是因爲一時無法辨識事態的本末，結果使自己更不知所措。她覺得自己責任繁重，必須事必躬親，卻又覺得自己辦不到，結果落得跟古人說的一樣：「女人永遠有做不完的事。」

男人若不了解女人的這項弱點，看到女伴心煩意亂時，自己就會很挫折，好像她的不快樂都得怪他。於是他會試圖回應，告訴她不該心煩，罵她「庸人自擾」。

事實上，女人的心煩不見得帶有指責或埋怨的意思，她們很可能只是想談談自己的問題，讓心情好過些。此時她需要的是一名聆聽者，而不是別人的糾正。

兩性在面對壓力時，抒發心情的方式各有不同：女人會透過談話與分享，男人則是分辨事態的輕重，然後專心針對其中一項，擬出行動的計畫或解決辦法。

九月十日

什麼都不必說

女人最能讓男人乖乖聆聽她說話的招數，就是告訴他：「你什麼都不必說。」這句話不僅能讓他擺脫自衛的心態，並能溫柔地提醒他，不需要幫她解決問題。

不過，女人通常不會想到這一點，因爲如果她告訴其他女人：「妳什麼都不必說。」這會是相當無禮的一件事。女人對話時，往往習慣輪番說話，因爲女人之間的默契是：「如果我聽妳說五分鐘，妳也得聽我談五分鐘。」

可是男人就不一樣了，如果告訴他：「你什麼都不必說。」男人不但不以爲忤，反而會樂得輕鬆。

九月十一日

擁抱情緒

情緒是人類共有的天賦，也許你並不喜歡自己的情緒反應，可是每種情緒的產生都有目的，它就像下意識的帶訊者，把訊息傳到我們的意識層面中，除非你收到了訊息，否則傳信的人會耐著性子，在門口守候。

以下是四種治療性的情緒捎給我們的訊息：

「憤怒」告訴你，你討厭的事發生了，因此必須做點改變或調適。

「悲傷」告訴你，你喪失或缺少了自己想要的東西，而且必須努力接納這項事實。

「恐懼」警告你，必須三思，否則可能會招致失敗、失落或痛苦。

「難過」告訴你，既然無力按自己的意思去改變，就必須學習放下。

若想了解自己的情緒以及情緒所含的訊息，就得去體驗、探索並表達它們。只要是說不出口的東西，你通常就很難理得清楚。

所以你有沒有發現，有時光是跟朋友談一談，就知道自己該怎麼做了？別忘了，若能坦承所有情緒，最後必能看清負面情緒下所隱藏的愛與了解。

九月十二日

鐵漢柔情

一般說來，溫暖、包容、脆弱、易感、關愛與讓步是屬於女性的特質；冷漠、積進、堅持、理性、果決與一心一意則是男人的特色。一個渾身散發男人味的男人，常會藉著愛上一名充滿女人味的女人，來求取自身的平衡。

藉著愛上女伴的女性特質，男人自然更能接納自己陰柔的一面。

當兩性的特質交會時，他的冷漠會因她的溫暖而融化，他的積進也會因她的包容而徹底展現。在這種兩相平衡的過程裡，男人也變得更完整、更圓融。因爲愛她，男人發現了自己的溫柔。同樣地，因爲愛他，女人開始感受到自己的剛強。

在任何親密的兩性關係中，都存有這種矛盾——我們既與伴侶不同，卻又深受對方吸引；正因爲欽慕對方、想與之看齊，兩人才可能擁有親近而無話不談的關係。

九月十三日

女人的安全感

女人若違逆天性，用男性的方式來說話，最後便會與溫暖包容的女性特質切斷聯繫，而無法化解外在壓力，甚至變得不敢相信、接納，也不會感激生活裡的種種。

男人請記住，以溝通來表達情緒及整理想法，是女人的本能。以前的女人光是談自己的問題，就可以跟姊妹淘聊上一整天。也就是說，女人的安全感乃得自於談話與友情，光是談談話，就可以讓女人覺得安心許多。

安全感有了，她才能開始清楚地思考，有效地釐清事務。事實上對女人來說，談話可以掃清許多謎團，因此，男人的聆聽是她最珍貴的禮物。

九月十四日

尊重歧異

不懂得尊重、感激彼此的迥異，兩人之間的電波就會消失，不再受對方吸引。缺乏個性上的差異，彼此的魅力也就不復存在。

吸引力會消失，主要是因爲兩種情況。一是爲了取悅伴侶，而抑制眞實的自己；一是意圖改造對方，以符合自己的理想。這兩種辦法都會破壞兩人之間的關係。改造伴侶也許能暫時滿足某些需求，但最終卻會使熱情消散。任何成功的關係，均需騰出讓彼此完全發揮的空間。我們在做妥協時，一定要確信自己的願望最後能獲得實現，同時不抑制眞實的自我。

九月十五日

各讓一步

良好的溝通需要雙方參與，所以男人請牢記，女人埋怨時通常並無怪罪之意，只是想藉說話來宣洩煩悶。女人也請讓男伴知道，埋怨歸埋怨，自己心裡還是很感激他。

女人常常以爲，男伴應該知道她的心意，所以並不需要特別向他表達謝意，可惜男人並不懂。聽到妳埋怨連連，他眞的不知道妳是否還愛他、還會感謝他。

至於男人，碰到問題時若不設法解決，他就會深受干擾，因此女伴的感激可以讓他明白，原來他只要靜心聆聽就夠了。

女人不必為了支持男伴，而壓抑或改變自己的感覺。不過，她確實得學習用不責不怨的委婉態度來向他表達，只要做到這點小小的修正，就可以收到天壤之別的反應。

九月十六日　幫男人留面子

當女人對男伴說：「你不了解。」她的意思其實是：「你不了解我現在並不需要你幫我想辦法。」

但是，此時男人常會誤以為她不知好歹，結果拚命為自己辯解，在她只想談一談時，還會費盡唇舌去遊說她。

發生這種牛頭不對馬嘴的情況時，女人請記得幫他留點面子，提醒他說：「你的點子很棒，不過先讓我把話講完，我們再討論怎麼做吧！」然後等苦水吐得差不多了，再告訴他：「謝謝你聽我訴苦，我想我只要說出來就沒事了。」接著她就可以拍拍屁股離開，假裝忙別的事去了。

九月十七日

溝通、親密與浪漫

溝通是增進親密與浪漫情調的關鍵，不過時機也相當重要。在適當的時間做委婉的溝通，才能讓愛永不止息。當我們有問題想溝通時，就得明智地選擇談話的時機，而且在表達自己的不滿前，也得懂得先挑伴侶心情好的時候。

良好的互動可使雙方在溝通重大事項時更坦然。男人若能感受到女伴的感激，就會比較聽得進她的話，並能體貼地予以回應。然而，如果只是一味地聽她大談問題，反而會覺得她在怪他做得不夠。

學會聆聽的技巧，可以敲開通往親密關係的大門。良好的溝通不僅可以拉近兩性的距離，也能使愛延續不絕。

九月十八日
愛在重點上

男人最需要的是感謝，再來才是支持。雖然女人分擔的家計不下於男人，但他若得不到感激，女伴的貢獻對他來說也就了無意義。

同樣地，除非男人也能在小事上幫忙，否則女人對男伴所做的大事也不會領情。若能在小處上著眼，反而會讓她覺得受寵——因爲獲致了解與尊重才是她最主要的需求。

男人需要女伴對他的支持表示感謝；女人則需要感受到對方的支持。

男人必須懂得愛在重點上，才能讓女伴滿意，使雙方坦然相待。同樣地，女人愈懂得向男人表示關懷，他就愈願意付出，使她獲得所需的支持。

九月十九日

內在覺醒

當男女兩個獨立的個體相互吸引、企圖融合爲一時，會產生一種自然的緊張關係。但是在隨後的分享溝通、耳鬢廝磨的過程裡，雙方會慢慢化解這份緊張，並體會快樂、狂喜、自由、寧靜和滿足的感覺。

這些美妙的經驗是內在覺醒的結果，使我們體驗到自己的完整性。可惜這種感覺有如雪泥鴻爪，並不長久。因此，我們若想成爲一個完整的人，就必須讓這些潛藏的內在特質駐進實際的生活中。

學習在逆境艱苦中愛我們的伴侶，就等於開啓一道體驗個人完整性的門徑。

九月二十日

男人別多話

有些男人很清楚自己的情緒，也願意坦然與人分享，不過，這種作法很可能不自覺地破壞了兩性關係。

這是因爲女人必須先感受到男件的支持，然後才能在保有自我的狀態下，鼓勵自己的男件。如果男方對她的需求，大過她對他的需索，女人一定會覺得十分無趣。所以男人的話千萬別比女人多，否則難以創造平衡的兩性關係。

九月二十一日

秋之愛

經過夏日辛勤的耕耘，我們終於可以在秋日歡喜收割。這是富饒而豐盈的黃金歲月，此時我們會體驗到更成熟的愛，接納並了解彼此的缺陷。這是一個感恩與分享的時節，夏日的辛勞已過，現在是放鬆下來，好好享受愛的時候。

九月二十二日

激怒男人

在男人想談心事的時候，女人若不知好歹試著去「改善」他，此時她只要批評一、兩句，男人就再也不想往下講了。女人遇到這種情形時，多半不了解自己是怎麼惹他生氣的，她們不知道這種改善他的好意，只會惹他反感。

其實男人也有陰柔的一面，所以偶爾也需要抒發心底的想法和情緒。因此，男人在宣洩情緒時，若是遇上拙於應對的女伴，常常會弄得他談興全無，這種情形發生幾次後，他就再也不肯跟女伴分享了。

九月二十三日

男人的新職責

現代婦女常因爲忙碌而沒有時間跟姊妹淘在一起，再加上職場上就事論事的談話，常令她們渴望在下班後能與人分享自己的情緒。事實上，女人的這項新難題，正是製造情調的絕佳機會。

女人的需求與感激是男人的主要驅力，因此女人的自力更生，反而加劇了兩性之間的問題。從實際一點的角度來看，幾千年來只有男人能做的工作已被奪走，這下子男人眞的無事可做了。

不過，女人也出現了新的需求：她們需要一個可以談心、願意關心她、聆聽她的男伴。因此，男人的新職責就是以聆聽的方式，提供女伴感情的支持，這種支持不但能創造兩性間新的親密關係，也打下了感情持久的基礎。

九月二十四日

「你根本沒在聽！」

女人常說一句話：「你根本沒在聽！」此話一出，常令男人當場愣住，火氣上揚——因為他多少還是聽進去了，或至少試著去聽。即使他「有聽沒有到」，這句話聽起來還是很刺耳，因爲小時候老媽生他氣時，總愛這麼罵他。

於是長大後又聽到這句話時，就會讓他覺得女伴把他當孩子一樣教訓，既霸氣，又不尊重他，讓他覺得自己備受指責。

女人不想當男人的老媽，男人也不想被人當孩子管。

女人會說這句話，常是因爲男人只用了一部分心力聆聽，而她卻要求他全神貫注所致。其實女人大可委婉地表示：「你能不能專心一點聽我說？」對男人而言，這兩句話有如天壤之別，第二句話他沒什麼可反駁的，但第一句卻會讓他更不想聽。

此外，男人在女人說話時若表現得心不在焉，她往往會提高音量，這也是另一種「你根本沒在聽」的表示，最後得到的結果當然也一樣——弄得他更不想理會。負面的批判通常無效，最後逼得女人只能氣沖沖地離開。其實只要使用新的溝通技巧，女人還是有希望獲得立即的回報。

九月二十五日

各有所需

男人遇到問題時，會基於本能尋求解決之道。因此，他會先窩回自己的洞穴裡，設法獨力解決問題。如果他可以想出方法或計畫，心裡會好過很多，否則就會走出洞穴，找其他自己信得過的男人談一談。

男人對男人傾吐問題時，通常是在徵詢意見，以化解問題。如果他能獲得因應之道，便會立刻鬆一口氣。因此，當女伴懊惱地跟他傾吐時，他自然以為她想解決問題，卻不知她只是想找人吐苦水而已，結果在設法提供意見的同時，反而惹得她更生氣。

女人不高興時，需要先能任性宣洩。

女人需要的是男伴的聆聽，不是他的高論。女人只要發完牢騷，心情就會好很多，縱使問題還是沒解決，也不會那麼煩了。

男人若能了解這點，便能輕鬆自在聽她傾吐，同時告訴自己：只要全神貫注聽她說話，她就會很開心了。

九月二十六日

吵架的原因

兩性常爲了錢、性、決定、時程的安排、價值觀、子女的教養及家事等事項吵架。有關這些事項的討論最後會變成爭執，原因通常只有一個：覺得對方不愛自己。一旦認定自己不被疼愛，人就不會快樂，當然也就很難去關懷別人。

由於男女互異，女人很難了解意見衝突時，如何針對男人的需要來化解問題；同時男人跟女伴愈親近，也就愈無法容忍彼此在意見、感覺和希望上有衝突，於是，如果她不喜歡他的作法，他就會開始劍拔弩張，進行自我防衛。表面上他是在爭論問題（金錢、責任等等），骨子裡卻是因爲覺得女伴不愛他。

吵架的原因，往往跟我們所想的不同。

而且，男人經常把苦水往肚子裡吞，直到兩人起爭執時，再全部暴發出來。有時即使會直接說出口，但通常他們仍是透過表情、肢體動作和語氣來表達。

因此，兩性必須了解自己的痛腳，並坦然面對，再用一種能滿足伴侶感情需求的方式，討論兩人的問題癥結，屆時爭執才能成爲一種解決問題、協調歧見的必要手法。

九月二十七日 眼神的接觸

女人希望別人明白她們的不悅，不希望受到忽略或獨處，所以男人千萬不能輕忽女伴的不悅。女人若覺得自己受到關注，就能更坦誠探索內心的感受。

男人在聆聽時，常爲了思索聽到的話而將眼光掉開，這點常令女人不解，因爲她們在跟女友分享心事時，一定會看著對方，以表示支持。不過要是換成男人，盯著吐苦水的女伴只會讓他腦子一片空白，無法思考。

直視對方，反而令男人無法思考。

爲了對女伴表示支持，同時抑制幫她解決問題的衝動，男人應該要學習維持眼神的接觸——不僅要記得看著她，還要把話聽進去。

如果男人用取巧的辦法去看對方，就可以既看又聽了：先盯著她看兩、三秒鐘，然後盯住她的鼻尖，接著再看看她的唇、下巴、整張臉，然後再重頭來一遍。

這個過程能讓男人把眼光放在女伴身上，卻不至於無法思考或聽不進對方的話，同時能幫他放鬆，至少有事可做，不會傻傻愣在那裡。

九月二十八日

男人的不平衡

男人對兩性關係態度的演變是先客觀，再變主觀。也就是說，在交往之初，男人看到女伴不高興時，會設法改善，以滿足她的需要，讓她重展歡顏。

男人保持客觀時，態度最爲正面。

如果他覺得自己無處施力，就會失衡而態度丕變，變得主觀、自認有理，憤怒、挑剔、好指責，結果反而更顯得懦弱、易怒、不安且被動，甚至養成亂發脾氣的壞習慣。失去客觀性的男人，常常很難擺脫負面的情緒。

其實男人具有客觀的天性，因此，如果他們能跳脫自己，就能釐清並解決問題。例如，男人若坦承自己的某些行爲會傷害別人，他就會變得更體貼、更敏感。了解自己該如何解決問題後，男人會突然拋開負面態度的羈絆，主動修正自己，以化解問題，問題解決了，他的正面感覺也將再度復甦。

九月二十九日 女人的改變

女人會用一種非常自然的方式去改變自己，以順應壓力。從某個角度來說，她其實不是在改變，只是展露出更多的本性罷了。天生主觀的女人會用分享及表達情緒、想法和願望的方式來調整自己，因此她需要別人專注的聆聽、了解與尊重。這些關愛能滋養一個女人的心，讓她找回自己。

如果她把感覺壓在心裡，後來慢慢也會封閉自己，因而變得膚淺僵硬，無法適應生活、工作及人際關係的壓力。她會爲了博取別人的愛，而疲於奔命修正自己的言行，可是接著又企圖去改變別人，以獲得她需要的愛。女人走到這種田地，就會失去適應壓力的能力，而變得槁木死灰，無法展現關懷與正面的態度。

自尊低的女人在面對壓力時，很容易爲了拉攏關係而調整自己的言行，可惜心底的情緒並不會因此得到轉化。也許她表現得既仁慈又慷慨，但心中卻隱忍著極大的憤怒與不滿，這些負面情緒將使她很難妥善經營自己和人際關係。

若知道如何藉由溝通或談話治療，來轉化自己的負面情緒，女人就能戒除自我破壞的行爲模式，再次領會心中的愛。

九月二十日

認可妳的男伴

男女吵架時，意見不同通常不是主因，而是因爲男人覺得女方反對他的看法或說話態度；女人則是因爲男方不認可她的觀點或語氣太硬而反對他。其實兩性若能學著認可對方，用談判的方式進行討論，就不必一天到晚吵架了。

女人需要確認，男人需要贊同。男人愈愛女伴，就愈需要她的認可，這從兩人一開始交往就是如此。女方若不贊成他，他就會拚了命去爭取她的認可。

女人常在不知不覺中否定男伴，而且做得理直氣壯，女人之所以會如此粗心，常是因爲她們不懂得認可對男人的重要。於是，當她們爲了讓男伴學到教訓，而採反對的語氣來質問他的行爲時，常常只會造成男方的恐懼與憤怒，進而愈發抗拒改變。

女人的反對，是男人心頭的大痛。

其實認可一個男人，就等於了解他的善意，即使他有偷懶或不尊重的時候，女人若是愛他，總還是可以找出一些優點，予以認可。

十月

吸引、調情、尊重

吸引、調情與尊重這三個複雜的動作，就能決定男女的分合。

兩性間的吸引不是我們能控制的，但能確定的一點是，當兩人來電時，必然有課業要修，有嘗試要做。由於我們受到跟自己相異的人吸引，因此認可對方的差異，是培養感情的基礎。

對男人來說，女人的熱烈回應是非常過癮的一件事，因為男人為了表示自己有一定的能力，他喜歡讓女伴幸福。男人追求女人，以及女人受男人寵愛，這兩種情形對男女個別的樂趣是不相上下的。

最後，尊重一個人，就表示支持他，並認可他的特性。尊重是對別人的需求、願望、價值觀及權利的敬重，並賦與對方同等、甚至是更大的重視。人人有權獲得支持，不必曲意承歡，若能接受這點，就是一種尊重了。

雖然我們無法控制兩性的吸引，卻可以努力維持來電的感覺。想讓愛情永不止息，就必須積極創造浪漫的機會，而且還要不斷迎合伴侶的感情需求。若想創造浪漫的感覺，女人千萬別忘了主動與男伴調情；男人則必須繼續向女方獻殷勤，同時雙方都要尊重並珍惜彼此。

十月一日

愛的挑戰

異質性的事物雖能吸引我們的注意，但最困難的一點，就是如何去了解、接納並感激它們，並使其自然而然地與我們揉匯。

這種融合的過程往往充滿了艱辛。對某個人愈來電，就表示兩人之間需要協調的地方也愈多。愛一個人，不是我們所能控制的，唯一能確定的一點是，當兩個人來電時，必然有課業要修、有嘗試要做。由於我們受到跟自己相異的人吸引，因此，認可對方的差異成了培養感情的基礎。

十月二日

維持吸引力

雖然吸引力是一種自然發生的東西，然而，若想保持兩性關係的鮮活，我們就得有技巧地展現自己，一則吸引對方，一則表示體貼。「我在這裡，愛不愛隨你」的態度並無法創造愛情，因爲愛情是一種收與授的微妙平衡。

維持兩人相吸的原因，往往是因爲預期自己能從關係中滿足所需。不過，若我們無法確知自己能否達成願望，吸引力就會消失。兩性的歧異很容易使雙方誤解對方的行爲與反應，因而變得興致缺缺。兩性關係初期最大的挑戰之一，就是維持來電的感覺，並隨著了解日深，讓愛獲得成長的機會。

十月三日

女人與欲念

女人跟心儀的男子約會後，會開始對他產生欲念，不僅希望與他心靈相契，更希望他能撫觸自己。在這個階段中，當男伴握著她的纖手、擁她入懷或親吻她時，她都會覺得情不自禁。

女人若屬意男方，就會開始對他產生情欲。女人也許覺得許多男人都很有魅力，但能激起她心智和情感火花的人並不多，而且只有少數男人能同時在身心靈三方面去吸引她。因此，若能在身心靈三方面去要求，女人的眼光必能愈磨愈準。

十月四日

男人先看外表

男人遇到靈魂伴侶時，幾乎都會先受到對方外貌的吸引。如果沒有，很可能是因爲不了解自己的標準何在，只是跟著感覺走而已，不過，這種作法並不會讓他更懂得選擇。男人若故意追求明知不適合自己的女人，那麼，在他面對最適合自己的靈魂伴侶時，也會渾然不覺，完全不來電。

一般而言，年輕男人都會先著眼於肉體的吸引，即使是成熟的男人，在形單影隻時也會降低標準，至於飢渴的男人就更不必說了，他們幾乎是來者不拒。

女人千萬記住，肉體的吸引是男人眼光的基準點，而非大腦。他就算只知道她的長相，對她仍一無所知，還是可能突然對她產生欲念。這跟她個人無關，也不表示男方想了解她或跟她走一段，他只是想多跟她接觸而已。

十月五日

男人別多心

有時男人會問女人這樣的問題：「妳願不願意做愛？」「妳想做愛嗎？」或是「妳有心情做嗎？」

如果她的回答是「我不確定」或「不知道」，他就以爲她不願意了，殊不知她是眞的不知道。男人很難理解這點，因爲他若被問到同樣的問題，答案絕對會很明確，因爲他很清楚自己想不想做愛。

女人不確定時，其實是需要一點時間、關注和討論來想清楚。男人若能明白這點，就可以輕易克服受傷跟懶得開口的問題了。

十月六日

女人的期許

適時而適度的要求，可以讓男人甘心爲妳多做一些。只要花幾個月的時間，好好溝通、不強逼、勤感謝，任何男人都會願意爲妳做事。只不過男人的「多做」，跟女人的期許也許有段差距。

如果男件向來滴水不碰，就不能期望他會突然分擔半數的家事。同樣地，如果他是悶不吭聲的人，也別巴望他能馬上掏心吐肺。

女人若知道不必囉嗦或抱怨，也能達成所願，就會主動傳達需求，對男伴的付出表示感激，而不會期望他能自動看透她的心了。

十月七日　修正期許

女人別以爲男伴會主動聆聽她的感受，分擔所有家事；男人也別預期女伴看到他回家就心滿意足，和顏悅色，不再多做要求。基本上，女人不能期望男人會滿足自己所有要求；男人也不該期許女人永遠表現關愛或一臉幸福。

男人若能練習新的技巧，就不會再因女伴的不滿而煩心，反而能將之視作一種機會，爲她帶來更多幸福。而女人在未能得到支持的時候，也可以把它當成轉機，負責照料自己的需求，練習溫和地表達自己。

男人若能在女伴抱怨時多予體諒，認清不是自己無能，而是因爲現代文化未能充分滿足女性需求所致，他就會諒解她的感受，不再抗辯，也會清楚自己該怎麼做了。

當女人對男伴感到失望時，不妨換個角度，去認可他的好意與支持，修正自己的期許，最後必能更包容男伴的缺點，擁抱生活，知足常樂。

十月八日

錯誤的預期

女人常誤以爲，只要愛一個男人，對方就一定會爲她付出。換句話說，女人如果相信他將來會滿足她的需求，就會甘願先爲他付出，因爲她相信將來必能盡數回收。

女人若一廂情願地付出，而不是依男人的作爲來因應，反而會削弱她的魅力。

有些女人以爲，唯有三從四德，才能博取男人的愛，因爲三從四德的人若是男方，她肯定吃這一套。可惜對男人來說，這種女人的魅力反而不大。

其實男人也會活在預設中，當他愛上一名女子時，會覺得自己是她賴以終生的人，也是她的幸福之泉。由於預期自己能帶給她快樂，因此看不到她的缺點。不過，男人如果太積極，在短期內許下過多承諾，反而會令女人卻步。

因此，兩人如果能一起慢慢度過約會的各個階段，並在婚後時時保持溝通，兩性必能減少錯誤的預期。

十月九日

心靈相吸

女人的辨識能力增強後，她會發現可愛的男人雖然不少，卻未必都適合自己。她可以對他們產生不同程度的喜愛，但最後仍會挑出最合適的靈魂伴侶。即使對方並不完美，也無法全然滿足她的需要，然而開放的心胸，卻仍能使她認清伴侶的好。

隨著愛意漸濃，女人將能感知自己的終生良伴，因為她那不設限的愛將告訴她：「這就是我許以終生的男人。」這種感覺倒不是因為他會是個模範先生，也不是比較出來的，她反正就是知道。

雖然已婚夫婦不免經歷種種挑戰，但心靈的契合會幫助他們克服兩性關係的衝突、挫折和失望。

十月十日

如何吸引男人？

常有獨立幹練的三、四十歲女性問我，怎麼樣才能吸引男人？

此時我會反問她們：「妳爲什麼需要男人？」這問題常令她們詫異，而給我諸如此類的回答：「我不清楚自己是不是眞的需要一個男人。」或是「我不是眞的需要男人，我只是希望有伴而已。」

由於需求與依賴之間的差異實在很難辨別，因此，許多婦女乾脆全盤否定自己的需要。

如果這些女士想維繫一段長久的感情，就得先發揮女性的本質，大膽表示：「我確實需要一個男人。」同時慢慢培養自己的女人味，並藉由女性朋友間的支持，培養出不必依賴男人、但隨時歡迎男性支持的開朗胸襟。

漸漸地，她就會感受到自己對男性的渴求，並相信將在適當的時機和地點，覓得自己的另一半。

十月十一日

放緩步調

我們必須牢記一點，讓女伴幸福，是男人維繫感情的主要方式。每次他順利滿足女伴的需求後，就會覺得自己與她更親密。我們也別忘了，女人被疼愛時，才會覺得跟男伴相近，這是兩性間極重要的差異。假如女人無法放緩步調，讓男伴來引發她的嬌柔，她就很難創造出親密的情感。

例如：一男一女走向門邊，過於積進的女人會加快腳步，禮貌性地幫男士開門，讓他先過。這是她按自己的需求而做的，結果反而強化了付出的動作，忘記了接受。

女人若想培養女人味，就該練習放緩步調，先讓男士抵達門邊，等他幫忙開門，然後大方地走過去，再回頭謝謝他，這也等於給他一個支持妳的機會。

十月十二日

他要性，她要愛

愈美麗的女人，就愈覺得男人煩，因爲追求者往往只看重她的美貌。雖然男人的眼光一開始會讓她沾沾自喜，但經過一連串的失望後，男人的目光反而令她厭煩。

這些女人生氣不是沒有道理的。她們一開始只是天眞地接受男人的追求，等到發現對方根本無意談感情時，又會有種失望、被騙的感覺。她們不了解的是，事情最後會變成這樣，其實自己也有責任，因爲她們不了解男女的差異。

男人不談感情，照樣可以有性關係，這點跟大部分女人不同。女人感受到強烈的性欲時，也會渴望跟對方建立感情，因此男人想要性時，女人誤以爲他也要感情，可惜許多男人只有在發生性關係後，才會決定是不是要進一步定下來。

即使兩人在床笫間乾柴烈火，男人還是可能不想碰感情。不了解這點差異，女人就會覺得受騙、被占便宜了。女人若不想受傷，就得確定自己不會對性伴侶抱太多期許。如果兩人只是玩玩，就別奢望他認眞。

十月十三日 友情、自主與樂趣

如果兩人之間有一方願意爲了對方而壓抑自己，兩人固然能相安無事，但熱情也將消散。

雖說女人常爲了配合男伴而犧牲自己，但男人的犧牲也不少。男人爲了避免衝突，便會有所保留。夫妻間若缺乏良好的溝通技巧，最後往往會選擇維持友誼，而犧牲掉感情的部分。其實壓抑負面情緒的結果，也會抑制一般情緒的感受力。

女人若只顧著照料男伴，不敢爲自己要求，反而會破壞兩人的關係。男人只有在滿足女伴的需求時，才會愛得更深。如果她僞裝幸福，他會認爲自己也很滿足，而不知道自己錯失了什麼。

男人只有在滿足女伴的需求時，才會愛得更深。

男女若想當眞正的好友，就得在自主與依賴間取得良好的平衡。「需要對方」是激發熱情的基礎，但我們若不夠自主，那麼在伴侶無暇付出時，就會覺得十分無助，進而心生怨懟。

如果你能練習承擔自己的責任，並自我療傷，便能在伴侶無力幫忙時照料自己。如何成爲伴侶的好友，同時不求回報的付出，是愛情的一大考驗，如果我們能時時感受到伴侶的支持，做起來就會容易許多；當我們相信伴侶一定會設法找時間支持我們，就不會在對方無暇顧及我們時跟他計較了。

十月十四日

先有愛，才有性

對性的正面態度，是優質性生活的必要條件。男人若想對女伴保持高度興趣，就得感受到女伴對性的同等熱情。男人常因誤解女伴，以爲她不像他那麼喜歡做愛而沮喪不已。其實他之所以感到受挫，那是因爲他不了解男女對性的態度有別。

女人跟男人一樣喜愛甜蜜的肌膚之親，但問題是，她唯有先滿足對愛的需求，否則就難以產生強烈的情欲，而且最重要的是，她得先感受到男人的愛與專寵，才能燃起跟男人一樣程度的欲火。對女人來說，愛情比性重要，不過，一旦愛的需求獲得滿足，性的重要性也會大幅揚升。

十月十五日

主動邀談

女人愈努力逼男人說話，男人的嘴巴就閉得愈緊。苦苦相逼不是最好的辦法，尤其當男人只想暫時離開時更是如此。因此，與其想著如何讓他開口，不如考慮：「如何才能跟他更親密、更有話聊？」

如果女方覺得兩人需要多談談，就先主動開口吧！但請記得，有時他不見得想談話，甚至會轉身離去。不過，當男方願意一談時，女人千萬別問他一堆問題，或頻頻要求他說話，妳不妨先向他表達感激。即使他什麼都沒做，只是聆聽而已，妳也不要忘了表示謝意，這樣反而能促使他多做聆聽。

女人若吝於感激與鼓勵，男人會變得興趣缺缺，因爲他會覺得聆聽「根本起不了作用」，而且他本來就不了解聆聽對女人的重要。幸好，男人的聆聽若能得到女人的感激，他就會更尊重談話的價值了。

十月十六日

女人的秋波

想培養感情，女人最好別倒追男人，只要對他的追求有所回應就行了，其中送秋波就是一種接納的表示。

當女人對男人頻送秋波時，也等於是在告訴他，也許他能爲她帶來快樂、也許他就是她此生尋覓的良伴、也許他能滿足她的需求、也許她想與他共度特別的時光，或者是，她覺得他很有意思。

女人的眼波是男人的一大鼓舞，因爲男人總是設法找尋機會去取悅女人，這是對他能力的一種肯定。

十月十七日 男人其實只要愛

女人常以爲男人只要性，但其實男人眞正要的是愛。男人對愛的渴求並不下於女人，只不過女人是先談感情再談性，男人則是反其道而行。換句話說，女人的感情需求得先獲得滿足，才會渴求性的接觸；男人則是透過性愛，去塡滿自己的感情。

其實男人比女人色急，那是因爲他能透過性來體驗感情。白天裡他一心只顧著工作，把愛的感覺拋在一旁，而性能敲開他的心門，促使他去付出並接納愛。

女人若明白這項差異，對性的看法將有所改觀，就不會再把男人的性欲視爲純粹的欲念，而能當它是男人尋愛的方法了。

十月十八日 先做朋友

男人若其貌不揚，無法吸引女方青睞，請不必太挫折，因爲女人就像烤箱一樣，是要慢慢加熱的。如果她一開始只想交朋友，那並不表示你已經被三振出局。不少找到靈魂伴侶的女性表示，一開始他們只是朋友，後來才發生感情。不過她們的先生通常都說，自己一開始就被妻子的外貌所吸引。

十月十九日

付出不求多，但求貼心

愛情會失敗，常是自己一廂情願付出所造成的。由於女人最需要的是被疼與被了解，自然會極盡所能去關切了解男伴，但他卻會因此覺得不被信任。於是，當他對她的關切沒什麼好反應時，她會無法理解爲何他這般不懂感激。當然了，男人也是按自己的想法去愛女方，結果兩人都無法滿足對方的需要，甚而分手。其實我們若能了解伴侶的主要需求，相處起來會輕鬆很多。付出不求多，但求貼心。因此，你必須學會把愛花在重點上，才能讓伴侶滿意。

十月二十日

別說什麼

最能讓男人專心談話的辦法，就是先告訴他不必多說什麼。這種事先的告知，可以讓男人放鬆心情聆聽，不必傷腦筋想著該說什麼。畢竟，妳才是想說話的人。

這是一個非常重要的認知，男人縱使樂意談話，也不見得有話想說，因爲他本來就沒有這種需要。不過，女人要是發現他無話想說，卻又要求他聆聽自己說個沒完時，總會覺得怪怪的。因爲她會認爲，如果告訴男伴「你不必說什麼」，是很無禮的一件事，不過事實上，雖然這句話很直接，但並不魯莽，所以男人根本不會掛心。

有了這層心理準備，男人就不必抗拒聆聽的過程，因爲女方已經說得很清楚了：「你不必說什麼。」

十月二十一日

尊重的重要性

與對方分享時，一定不能失去自己。尊重，就別試圖改變或操縱伴侶，而應鼓勵對方發揮自己，保有自己的權利；尊重，就是肯定對方的需求、希望、價值觀和權利，並信守彼此的承諾，賦與對方同等、甚至更高的重視。

被尊重是一種需求，好讓自己在對方面前隨性自在，不受扭曲。當一個人覺得受到尊重時，他非但不必去力爭自己的權利，而且也會感受到自己的價值，覺得受到公平的對待與認可。

十月二十二日

打開心內的窗

若因不滿而責怪伴侶，這表示我們需要的是伴侶目前無力給我們的東西。

爲了探討問題的癥結，你自己的心情要自己扛，別將問題推給對方，如此我們才能讓自己更寬懷地回歸到兩人的關係中，不再斤斤計較。

責怪使兩性步上歧路。

當我們無力去愛時，不妨利用這段「低潮期」，做自我療傷的工作，別深陷於負面的批判中。與其藉指責來改變伴侶，不如致力修正自己。當我們能敞開心門去寬恕對方，便能重新找出方法，來化解或修正原本干擾我們的問題。

十月二十三日 設定界限

女人與其一直生伴侶的氣，期望對方來幫她平衡，倒不如設定自己願意犧牲的範圍，就像把自己當成一名長跑者，分配跑步的速度，才不會一下子全部被掏光。

有時，有所保留反而是健康的作法。

男人若能知道女伴的極限，他自然會檢視自己的行爲模式，開始做些調整。女人若了解自己得設出界限，才能有所回收，就會原諒男伴，設法採取新的方式，去要求並接受男伴的支持。

十月二十四日

妳為何與眾不同？

男人受女人的外貌吸引時，女人會覺得自己與眾不同。不過請記住，妳其實也沒那麼不同，因爲許多女人都能吸引他的注意，他把眼光放在妳身上，這是個好的開始，但也僅止於這樣而已。對男人來說，在觸電的那一刻，妳也許是他夢寐以求的對象，於是他自以爲愛上妳了，可是給他機會認識妳後，事情不見得能圓圓滿滿。

當男人發現女方不僅外貌吸引他，而且還深得他喜愛時，她才會變得更特別。他可以喜愛許多女人的長相，但僅能與一小群女人爲友，如果女人能在智性上吸引他，那就更特殊了。若能在三個層面上觸動他，那更是少如麟爪。

他如果能在看清她的缺點後依然愛她，感受到自己對她的愛，那麼她的地位簡直就是無與倫比。在這極少數的特殊女子中，他只選擇一瓢弱水與自己共度一生，此時，這名女子才是他最在乎的一位。

十月二十五日

觸摸的力量

被男人牽著小手，往往能觸動女人的情愫。男人通常只在約會階段去拉女伴的纖手，過一陣子就不這麼做了，其實這眞是男人的一大損失。

男人若希望女伴喜歡性，就必須利用每天自己並無欲念的時候，多多溫柔地撫觸她。他可以拉著她的手、抱抱她、撫摸她的香肩和雙臂，不必滿腦想入非非。如果他只有在想做愛時才去摸她，她非但不會感受到愛，反而還會有種被利用的感覺。

女人需要男人每天以不同的方式，經常撫觸她。

當他握著她的手時，切記要用心，不要讓她覺得彷若拉著一條蹄膀。如果他必須轉移注意力，就先放開她的手，因爲她其實只想藉此表示親暱，而不是想黏著不放。

觸摸不僅是一種拉近距離的辦法，更是緩和低潮期，讓兩人破鏡重圓的法門。

十月二十六日

女人的笑臉

女人感激的態度，是吸引男人的祕訣。懂得感恩知足的女人，往往魅力無窮。當她能坦然感恩生命的圓滿，男人就會有自信為她帶來幸福。所以，妳不妨每天花一點時間向男伴表示感謝，不僅能敦促他更賣力地付出，也能讓自己安心自得。

十月二十七日

個性的互補

感情的相吸，主要取決於個性。個性是你跟外界互動的方式。兩性的相吸有無數種可能，我們可能喜歡某個跟自己相似的人，但通常與自己截然不同的人最具吸引力。

例如：穩健有序的人，也許喜歡熱中變化與刺激的人；直率大膽的人，也許喜歡害羞內向的人；主觀的人，也許喜歡柔順的人；隨和的人，也許喜歡嚴肅剛直的人。

事實上，風趣的人未必比其他個性者更具魅力。所謂來電的感覺，跟個性的互補有關。當我們更懂得挑人後，自然會去接近那些合得來的人。

十月二十八日

記住兩性的差異

記住男女大不同，對兩性都有極大的幫助。改善兩性關係其實不難，也不必多花氣力，除非我們能把精力用在伴侶最能領受的地方，否則感情會談得很累。

十月二十九日

面對誘惑

男人在面對誘惑時若能忠於妻子，她將更能悠遊於魚水之歡中。男人若能拋開對其他女人的性幻想，便能學會控制性欲，爲她延展勃起的時間。縱使他心中飛掠過一些念頭和影像，但只要不斷將心思灌注在伴侶身上，他的熱情和控制力就能持續增長。

十月三十日

愛、浪漫與忠誠

唯有對自己的反應和行爲負責，才能眞正在兩性關係中付出與接受。若不了解伴侶需要什麼樣的愛，我們也許會錯失許多可貴的機會。

男伴的感情及實際支持，可以讓女人感覺被愛，對女人來說，重要的是不斷對她表示關切，而不是他能給她什麼。若不了解女人，男人往往會一次給足，然後把她丟下好幾個星期，完全不理不睬。

良好的溝通能提供雙方健康幸福的感情基礎，並在其中點綴浪漫。

十月三十一日　聰明的男女

男人若能了解自己忽遠忽近的行為，對女人的意義何其重大，他不但會更專注於聆聽，也會更了解並關心她，同時在不需要離開時，花時間主動探問女伴，與她交談。此外，聰明的男人會更了解自己的週期反應，並向她保證離開後一定會再回來。他可以說：「我需要給自己一些時間，之後我們再相會吧！」如果女伴想談話、他卻打算離開，他不妨表示：「我需要一些時間想想，我們稍後再談。」

等他回來重談時，女伴也許會想知道他為什麼離開，如果他不甚確定（這種事常發生），就告訴她：「我不確定，我只是想一個人靜一靜，不過我們可以繼續談話。」

聰明的女人與男人談話時，不會要求他說什麼，而是只要他聆聽就好。這種態度能盡釋男人的壓力，她也可以同時學著敞開心門，分享感受，不會要求他依樣畫葫蘆。她相信，只要他覺得被接納，並能聆聽她的心緒，接著就會慢慢有話說了。因此，她絕不會苦苦催逼。聰明的女人會耐心等待，不輕言放棄。

十一月

信任、快樂、寬恕

伴侶的信任是一種認可，表示對方相信你是個善良的人。若是缺乏信任，就會曲解對方的意圖，因此，信任能排開疑慮所帶來的種種問題。當雙方相信對方無意傷害自己，而只是想幫忙時，信任感就會增強。

女人的信任能吸引男人接近她，並引發他最好的一面。當然了，如果她認定他完美無缺，必然會失望。不過，假使她相信男伴可以幫忙、也願意幫忙，他就會覺得自己備受重視，深獲她的接納與感激，而能盡情發揮自己。

男女感情中若缺乏信任或寬恕，將很難持久。事實上，若想彼此交心，共享一輩子的愛，寬恕是最重要的技巧。原諒伴侶的錯誤不僅能讓你再度去愛，也容許你原諒自己的缺失。寬恕是拋開傷痛的作法。

女人有一點令男人十分費解：她需要別人了解她的情緒低潮，否則永遠無法獲得真正的快樂。女人必須偶爾陷入谷底，去釋放、治療並淨化自己的情緒，才會獲得快樂，這是一種自然而健康的過程。

相信過程所能產生的奇蹟吧！同時別忘了，要對兩人許多攜手成長的機會表示感恩。

十二月一日

愛的保證

當男伴一再表示關切、了解、尊重、認可與投注，女人就會心滿意足。

男人的再三保證，使女人感受到持續不斷的愛。

男人常誤以爲，一旦自己迎合女伴的需求，讓她感到安全而幸福後，她就應該知道，他以後會一直愛著她了。其實不然，因爲女人需要男人的一再保證。同樣地，男人需要女伴的鼓勵，女人的支持能賜與男人希望與力量。當女人表現信任、接納與感激時，男人才能發揮自己，並付出她所需要的愛的保證。

十二月二日

男人的健忘

專心是把事做好的必要條件，但有時專心過頭也不好。男人常會因爲太過投入於單件事物，而忘卻了其他所有，這種行爲對兩性關係尤其沒有好處。

例如，即使他深愛妻子，如果他無法剛柔並濟，也許會忘記結婚紀念日、老婆生日等重要日子，或忘了幫忙買雜貨、聽取電話留言。但是事實上，他不是不在乎，而是心思不在這上頭。

了解男人爲什麼會健忘後，女人會比較容易原諒並接納他。

男人一旦健忘，女人就會覺得他根本不在乎，對自己的事情也不感興趣，她不相信一個忘掉她生日和結婚紀念日的男人會眞的愛她。畢竟，這種行爲在女人的經驗裡是相當不可思議的。不過，其實男人是依照自己的目標來安排先後次序；女人則是依據其關係的重要性來決定事態的緩急。若能了解這點，就不難明白爲什麼男人會這麼不經意地就傷到女人的心了。

十二月三日

關心與信任

當男人對女人的感受表示關注時，她會覺得備受疼愛。男人若懂得寵女人，就能成功地滿足她需要被關心的主要需求，她自然也會更信任與接納他。

女人坦然而接納的態度，會讓男人覺得受到信賴。信任一個男人，就是表示妳相信他已盡力為妳創造幸福了。當女人用信賴的態度來回應男人，他會覺得夫復何求，因此自然也會更關心她的感受和需要了。

十二月四日

男人犯錯時

男人在面對壓力時，需要時間來整理自己的想法和感覺，直到能了解並找到改善問題的方法為止。接下來，他才能坦然而自在地去談論發生的事情和緣由，男人在這個階段中，會更願意為錯誤負責，並從容地糾正自己。

除非男人能找到改進的辦法，否則很難承認自己的錯誤。當他了解：「假如我當初知道的話，作法一定會不一樣。」他才會明白自己犯了錯。

十一月五日

更高的目標

每個人都有與生俱來的天賦可與人分享，也有越乎個人之上的高遠目標需要達成，它們未必驚天地、泣鬼神，但確實存在。不過，若想讓愛與熱情持續增長，就必須將兩人之間的小愛導向更崇高的大愛。

生養子女就可以自然滿足這種需求。父母爲了照顧子女，便會彼此支助。等孩子長大離家後，夫妻就需要再找到一個新的目標。若能一起爲家庭、社區或世界服務，我們的愛便可以不斷成長，無止無盡。

十一月六日

男人為何如此敏感？

也許妳要問，要求男伴支持時，他們爲什麼總會反應過度。其實倒不是因爲男人懶惰，而是因爲他們渴望女伴的接納，所以任何要求都會讓他們以爲女伴不接受他們。

如果她想要更多，他就以爲自己不夠好。

女人在分享心事時，很在乎男伴是否了解她、是否聽進她的話。男人也一樣，他也很在乎女伴能否接受他。男人的座右銘是「除非有問題，否則別管它」。女伴若因不滿而企圖改變男人，他會覺得她把他當「瑕疵品」，而且並不愛他這個人。

因此，女人若學會用更委婉、正面的方式來提出要求，不僅可以讓他感到被愛，更確保自己能獲得他的鼓勵。

十一月七日

了解兩性關係的潛能

兩性之所以會拒絕對方，常是因爲發現對方有缺點，而不是因爲對方不適合自己。此時若能用一種更溫和、包容的態度來結束兩人的關係，我們才能繼續去貼近自己理想中的人。了解這點，我們會變得比較不挑剔，也更能面對可能的感情發展。

十一月八日

感激與尊重

我們常把「感激」與「尊重」這兩種需求混爲一談。感激是承認別人的作爲或表達方式對你十分有益；另一方面，我們需要獲得別人的尊重，以認可自己的需求、感受、價值觀和權利。換句話說，感激是一種評估的動作；尊重則是去認可對方。

雖然女人需要得到感激，但男人尤其求之若渴。因此，能對他們表示感謝的女

人，最容易吸引他們。

感激是對行動、立意、結果和決定的肯定。一般人都會從別人的回饋中得知，自己的行爲達成了某種目標，別人的感激會讓我們覺得自己的立意、決定和行動極具價值，也能激勵我們重複相同有用的行爲，改變失敗的作法。不過一旦少了別人的感激，我們就很難再去付出；缺少別人的尊重，我們也許會覺得自己不配接受別人的支持。

十一月九日

沒有目標的談話

女人若能漫無邊際地與人聊聊，就能拋開職場上的殺氣與壓力，重拾女性的特質。

男人如果企圖在談話中幫女伴解決問題，反而會妨礙她宣洩，若是能放任她暢談問題，別急著幫她解決，並以同情和了解的態度去回應，女伴就會覺得十分窩心。有了這樣的支持，她就能拋開負擔，抒發煩憂，慢慢重振旗鼓，同時滿心感激與愛意，並能回復女性的溫柔與談話方式。

假如女人能用溫柔的方式來宣洩負面的情緒，男人也會更願意面對她。有時不妨由男人主動邀請女伴談話，幫助會很大，因爲現代婦女常得像男人一樣衝鋒陷陣，除非別人主動，否則她甚至不清楚自己需要與別人談談。如果從前她在與人分享時，又有過不愉快的經驗，也許更不會認爲自己需要談話。因此，男人若能坦然邀約，她就不必擔心對方會嫌她煩了。

十一月十日

坦認自己的感覺

愛一個人，並不表示你得喜歡對方的所有言行。對女人而言，她可以表達懊惱、失望、生氣、受傷和恐懼的情緒，同時兼顧愛與接納。她可以有時快樂，有時煩悶，對他又氣又愛。女人若能坦認自己的感覺與需要，就會十分快樂且心懷感激，因爲那些情緒都是眞的。

女人的情緒有如天氣，無時不在變動。然而，若無陰雨霏微，我們豈會感激朗麗的晴陽！

十一月十一日　情緒如浪

男人若不懂得包容女人的不快樂，有時她就真的永遠快樂不起來。女人必須抒發、治療並淨化自己的情緒，才能獲得眞正的喜樂，這是一種自然而健康的過程。如果我們想擁有愛、快樂、信賴和感恩等正面情感，就必須體會憤怒、悲傷、恐懼與難過等情緒。女人唯有陷入情緒的谷底後，才能治療這些負面的情緒；男人也必須退居到自己的洞穴中，才能清理心靈的垃圾，領會正面的感覺。

女人有如潮水，情緒高漲時，她滿足於自己的擁有，看到的盡是美好事物；浪碎時，她才會覺知到自己錯失的東西，而且只會一心想著自己沒有的東西。

若不了解女人的本質如浪，男人就很難理解或包容她們的心情變化，不懂何以外在環境轉好了，兩人的感情卻愈來愈糟。若能牢記上述這項差異，男人便能掌握竅門，在女伴最需要愛時，滿足她的需求。

十二月十二日

學會原諒

寬恕是兩人能坦誠相對、廝守終生的首要技巧。唯有原諒對方的錯誤，才能寬恕自己的缺失。

如果你在某段關係中的怨恨未解，即使還愛著對方，你付出愛的能力也會比較受限；而且當心靈在一種關係中遭到封閉時，其他的人際關係也會遭受波及。尤其愛得愈深，傷害愈大，許多人就是因爲無法原諒所愛的人而備受折磨，最後只得以棄世收場。其實我們之所以會陷溺在苦厄與憤恨中，並不是因爲不愛，而是因爲我們不懂得寬恕。試想：如果不愛，又怎麼會痛呢？

人類最大的痛苦，就是憎恨我們所愛的人。

所以請你記得，寬恕的取決權本來就掌握在我們的手裡。寬恕跟所有技巧一樣需要練習，入門時得先花點時間，等到熟練後，就能成爲自然反應了。

每當你寬恕了別人，天堂裡就有天使爲你歡歌。當你選擇愛、不再封閉心靈，便等於爲自己幽暗的心裡射進一道靈光，不僅減輕別人的負擔，也協助他們去學習原諒。

十一月十三日

何謂信任？

認定一個人的能力、正直和可信度，就是信任。伴侶的信任，是對個人人格的肯定；缺乏了信任，我們會不斷對一個人的立意做出錯誤而負面的判斷。因此，信任可以掃除任何疑慮，使人相信「會發生這種事情，對方一定有合情合理的解釋」。

當雙方認為對方無法傷害自己，並能鼎力支持，兩人之間的信任便能茁長。

女人對男人的信任，會使他樂於靠近她，同時發揮自己最棒的一面。當然了，如果她認定男伴是個零缺點的人，她注定會感到失望。不過，假如她相信男伴願意幫忙，他就會覺得自己備受重視，受到她全然的接納與感謝。有了女人的信賴，男人才會了解自己的能力、技巧與長才。

十一月十四日

健康的相互吸引

當男人擁有女人渴望的特質，她就會有來電的感覺，但男人剛好相反。當女伴需要他所提供的東西時，他才會觸電。這種相互依賴的關係，創造了健康的感情吸引。

感情上的吸引使我們能拋開呆板的理想條件。當男人體驗到被女人需要的快樂時，就不會斤斤計較女伴的長相，因爲她的反應，能使他拋開對外貌的要求；當女人感受到男伴的寵愛時，也就不會苛求他的外觀，因爲男伴的追求，讓她樂於跟隨自己的心意，不會耽溺在白馬王子的不實幻想中。

十一月十五日

了解改變

女人常認爲自己的付出沒有獲得回報，但是只要深入了解，便不難了解男伴已經盡力了，只是他不清楚她到底要什麼而已。

若能了解男人的改變對兩性關係的影響，不僅他更樂於從之，她也可以創造渴望的改變。除了學習正確解讀男伴的變化，女人也該覺察自己在感情關係裡的轉變。男人如果變了，就不再對女伴獻殷勤；女人若是變了，則會把男伴的貢獻視爲理所當然。

十二月十六日

自我麻痺

當我們得不到愛、而且還一再遭到對方的傷害時，心裡就會很苦，於是，許多夫妻都會用自我麻痺的方式來應付這種情形，告訴自己：「沒關係，反正我不在乎。」或封閉自己，認爲：「我不相信他會陪著我，所以我也不會去依靠他。」

與一個不愛你、而你也愛不到的伴侶共枕而眠，是一件最痛苦且寂寞的事。人們常爲了躲避缺愛之苦而染上惡習，這種作法固然能讓人暫時拋開苦痛，卻同時也會扼殺心中的熱情，使我們連自己要什麼都不清楚了。

此時唯有學習追求愛，並具技巧性地要求自己想要的東西，才能根除心中的苦厄。

十二月十七日

突然破滅的幸福

我們常可以看到這種故事：一個自認婚姻幸福的女人，十年後有天醒來，卻發現自己活得很苦，然後她開始抒發積怨，埋怨老公，但這種作法實在有欠公允。先生看到老婆如此不快樂，簡直無法置信，他說他願意改，可是她說已懶得再等了。

她的疲累肇因於長期的粉飾太平：明明心中怨恨日深，卻極力表現關懷與溫柔。

一個快樂知足的女人，也許在多年後會突然感到憤恨不平或沮喪萬分。

有些女人長年活在對未來的憧憬裡，極力否定眼前的痛苦，她們心情的擺盪可能是一週、一個月兩次，或是在十年、二十年後才心情大逆轉，從幸福的雲端跌落到沮喪的泥淖中，而且女人否定痛苦的時間愈長，沮喪的強度也愈大。

在大部分情況下，女人發現自己的需求並未獲得滿足後，往往以受害者的身分自居，一味怪罪先生，不肯負起責任。這是因為她必須等到滌淨心裡的髒污後，才能找到新的平衡，檢討自己。

十一月十八日

女人的接納

女人的包容使男人成長；她的反應也使他備覺親密。當男人覺得彼此相近時，自然會更想了解女伴。女人的接納是培育男人好奇心的沃土。

★

十一月十九日

壓力徵候

男人承受壓力時，會出現三個徵候：退縮、埋怨與封閉。遇到這些情況時，女人常覺得男方不愛她了，擔心兩人的感情出了問題，其實不然。如果女人能清楚辨識這三種徵候，便能輕輕鬆鬆協助男伴應付壓力，恢復平衡。

同樣地，女人受到壓力時，也會出現男人經常誤解的三大指標：煩亂、反應過度與疲累。女人生氣時，男人常常也會跟著不開心，但又不懂如何協助她，於是就會鬧得更僵。此時男人若能辨識女人的這些壓力反應，就能學習不再緊張，好好支持她。

十一月二十日

天分、教育和練習

尋找伴侶的技巧跟任何其他生活技能一樣，都需要天分、教育與練習。獲得的資訊、訓練和經驗愈多，你的勝算也愈大。若能三者兼修，技巧的熟練度自然大增。婚姻也一樣，有些夫妻一開始就很順利；有的得花長時間來克服並融合彼此的歧異，進而體驗到愛的喜悅。

十一月二十一日

自責與指責

每次發生問題、衝突或負面經驗，女人都會先認定是自己的錯，把責任往自己身上攬，然後才發現別人也有錯。反之，男人則會先指責別人，然後才覺知自己的不是。

男人不是不負責，只是會先挑剔別人，然後再看自己的毛病。

這是因爲男人將麻煩視爲達成目標的阻礙，所以會把任何干擾先推到別人頭上，而女人看問題的方式則較不偏狹，只當它是一種需要糾正的成果。由於女人從這個觀點出發，因此能很快看出各種可能的作法，相對地也就比較容易把問題攬到自己身上，接受別人的指責。

這些基本的差異會造成兩性間的困惑，男人看到問題而出聲責罵時，女人會以爲他跟自己一樣反省過了，最後才認定錯都在她。因此，男人的指責在女人聽來格外沉重。假如她能學會爲自己抗辯，就能給男人機會去冷靜下來，檢討自己的責任。

十一月二十二日

適時抽離

女人想「努力培養感情」時，男人通常會覺得很煩，因爲他不想「培養」感情，只想輕鬆地浸淫其中。

男人有時需要能輕鬆面對感情，不用擔心自己犯錯。他希望能自由自在，不必改變。當女伴表示：「沒關係」或「不要緊」時，男人總會很開心。

女人若能以平常心看待自己的問題，男人就會覺得自己做得很好。

男人的友善態度，即表示他能平靜面對女伴的壞心情。如果他能心平氣和表示同情，女人也能比較冷靜轉換自己的情緒。對女人來說，男伴的支持或援助，就是友情的表現；對男人來說，女伴的隨和與不多做要求，也是一種友善。

因此，身爲伴侶的朋友，千萬別企圖改變他們的情緒，或在對方心情不佳時，把責任往自己身上攬。若能學會適時抽離自己，絕對有利於轉化兩人的關係。

十一月二十三日 女人的責任

女人的責任，就是再三向男伴表示信任；男人的責任，則是去贏取女人的信賴。假如男人傷害女伴卻不肯道歉，就會在無意中築起心靈的高牆。男人常不了解補償或道歉的重要性，聰明的女人會讓死鴨子嘴硬的男人知道，她有權聽他說「對不起」。

十一月二十四日 保持開朗

女人的一大挑戰，就是當她對男伴失望或覺得不被愛時，仍能保持開朗的心境。信任、接納伴侶是極端重要的一件事，否則，女人往往會忘了自己的需要與柔弱。

增強信任的要訣就在於：別期望伴侶完美無缺，而要相信他對自己的關懷。若能了解兩性的差異，女人就會相信，即使男伴不像自己那般溫柔體貼，他還是深愛著她。

慢慢地，她就可以了解男伴愛的方式。最重要的是，她可以技巧性地提醒男伴去支持她。

女人需要下功夫去信任；男人則應努力去關心女伴。

如果男人想卸下心牆，就須關懷女伴，多做努力，才能挽回兩人的熱情。但是，他若是把女伴視爲理所當然，心牆就會開始堆疊。每次他覺得努力得不到感激，牆上就又添了一塊磚頭，於是他會再次感到憂心與抗拒，只想一個人獨處。

如果男人夠努力，最後總會克服冷漠的習性，走出孤獨，變得更堅強，生命之路將不再那麼崎嶇難行，最後他將會因爲女伴的喜樂，而感染到前所未有的盎然生氣。

十一月二十五日

壓力之下，男女有別

男性的覺察力主要專注於外在世界，因此他們會設法改變客觀的外在環境，以減輕壓力。男人在面對壓力時，會借重自己的想法，來決定用什麼方法抒減壓力。

男人若從情緒面來切入問題，往往會受負面情緒的宰制，而變得具有破壞性、不穩定與自我中心。雖說負面的情緒不盡然是壞事，它們也有治療或減輕壓力的功能，然而，當男人體會到自己的負面情緒而失去客觀性時，常會變得凶暴而冷漠。

女性則較側重主觀的內心世界，因此常會藉由改變自己來紓解壓力。女人會發洩情緒，以求平衡與調適。例如，假使某件事讓她不高興，為了減壓，她可以改變自己的心態，變得更靈活、包容、寬宥、耐心與體貼，以便讓心情轉好。

女人只要能維持正面的情緒，想法上就能保持清明與靈活；男人只要在思維和態度上保持正面，他就能付出關懷與支持。

十一月二十六日 犯錯乃人之常情

在尋覓良伴的過程中，每個人難免犯錯，即使兩人關係已經固定下來了，你還是可能做錯事。感情的成敗，端賴我們是否能從錯誤中學習，並提高自己的辨識能力。如果你希望感情能比上一代人走得更圓滿，就必須學習新的技巧。

想跑得快，跌倒的機率也相對增高。成功的竅門就在於能不能爬起來，繼續向前。

其實每一個人都絕對可以辦到。等目標達成之日，回顧前塵，你將了解過去的失誤都有它不可磨滅的理由。

十一月二十七日

男人表達憤怒時

男人生氣時很容易失控，而變得火爆冷酷，或摔東西，或口不擇言，這是男人的缺點。男人千萬要自制，否則女人最好別鼓勵男伴恣意表達情緒。

男人若想表達憤怒，最好跟一個他們不氣的對象做分享。如果他一肚子怨怒，別人又不想聽他說話，最後他常會說出或做出令自己後悔的事來。換句話說，男人的節制力比女人差，所以常會用肢體來表達情緒。不過男人縱使再氣，也應該爲自己的行爲負責，而不是拿這項理由來搪塞。

男人生氣時，應該學會讓自己冷靜。

男人應該記住一個基本原則：如果在氣頭上說了些話，或做了決定，就永遠也無法挽回了。一旦了解這點，女人便可以在男伴生氣時，小心地給他許多空間，別逼他談話或做決定，等他冷靜後，再跟他談。

十一月二十八日

拒絕的自由

兩人若能在沒有壓力的前提下要求或拒絕對方，關係就算很健康了。我們只有在知道伴侶能大方地拒絕時，才會沒有顧忌地提出自己的要求。雙方可以藉此學習依賴對方，同時相信彼此的盡心盡力。

十一月二十九日

適度的依賴

隨著兩人的感情與信任日增，我們就會更坦然、更感到彼此的相互需要。一旦我們相信，只要有任何需要，對方一定會陪伴在側，心中的感情也會熊熊燃燒。但是，如果我們太過依賴對方，最後反而會吝於付出信任與關注，甚而自毀感情。

期望伴侶能無時無刻地付出，是一種天真且不智的想法。有時他們無可分享，我們卻拚命要求，這就像對一名坐在輪椅上的人說：「如果你愛我，就會站起來走路。」都是不合情理的期許。

此時唯有修正自己的期許，才能更成功地滿足並信任對方。有了信任，即使伴侶偶爾令人失望，我們也能體諒他們的盡心，這種明智的態度能使人變得更寬容。

十一月三十日

好散才有好聚

分手的方式與對伴侶的評估態度，攸關我們尋覓良伴的能力。若想讓自己在分手後，順利轉戰到下一位更適合自己的對象，全都取決於你能否跟對方好聚好散。

分手的方式，攸關下一段感情的品質。

好的結束可以創造成功的開始。當你憤憤不平或滿懷罪惡地結束一段感情，在遇到下一位更適合自己的人時，你反而不容易去接受對方。可惜人在分手時，常會怪罪對方無法滿足我們的期許。

女人最容易覺得自己一味付出，而未能得到需要的回報，結果把自己搞得跟怨婦一樣。反之，男人往往在分手時滿懷罪惡，對女伴的不滿十分內疚。

雖然這些情形相當普遍，但也可能反其道而行。總之，覺得被拒或遭到背棄的那一方常會怨責不已；而拒絕的一方則愧疚難當。不管是哪種情況，結果都是一樣——感情結束了，我們的心也封起來了。

打開心扉，才能再次擁抱愛情。

只有當我們打開心門，才能吸引、甚至愛上適合的人，或至少能慢慢找到接近理想的對象，讓自己步步逼近目標。如果心靈是閉鎖的，我們往往會重蹈覆轍。

婚姻也是一樣的道理。我們若無法化解痛苦的問題，拋開怨怒和罪惡感，愛的成長就會受到妨礙。當愛停滯不前時，我們就會開始懷疑伴侶。爲了激發對方最好的一面，將之視爲自己的良伴，我們必須消除自己設置的心靈障礙，拋開怨氣與罪惡感，才能再一次感受並體驗持久的眞愛。

十二月

付出、滋養、愛

一年又即告終，希望你在這一年裡能感受到更深刻的愛，因為生命本身就是一條成長與了解之路。

愛是我們的核心需求，一切的感情，均始於對自己的珍愛。在我們能夠無所保留地付出愛之前，必須先學習從別人和自己身上接受。

即使我們懂得珍惜自己了，兩性的相處畢竟還是不易。人類有數不盡的需求，共同生活並維持浪漫的感覺，不僅需要發揮自己最善的一面，更要輔以新的認識與技巧。

愛是人類最珍貴的天賦，千萬別輕言浪擲。把生活的每一刻視為付出與接受愛的機會，你將很快發現生活的樂趣俯拾皆是。當你心中充滿了愛，人生將如一場歡樂假期。

只要能用心經營愛，收穫將無可估量。信守愛的允諾，呵護自己的伴侶，你的心門將一再為愛而開。

從心靈的角度來看，想結婚，是因為我們的靈魂記起了前世許下的承諾，感受到上帝的意旨。信守婚約，就是遵循了上帝的旨意。

當我們打開心門，生活裡的點點滴滴就都生出了意義。唯有信守承諾，我們才能把精神生活納入婚姻裡。體現愛，才能把平凡的人間化為天堂樂土。

十二月一日

愛是核心需求

人類是一種極其複雜的動物，有著無止無盡的身心靈需求，而且只要有一個層面不夠圓滿，都會造成痛苦。尤其在這些需求中，只要有一項最基本的需要出現缺憾，必會拖累其他方面——那就是對愛的需求，對別人和自己的愛。

缺少了愛，我們會遭逢各式各樣的問題。

人類的缺憾與挫折，主要是因爲缺少愛所造成的。這項基本需求凌駕任何需要之上，愛是基本的安全感，也是成功的基礎。

無論你擁有什麼，除非你能愛自己，並與親友分享，否則難以全心享受功名財富。聲名爵祿，沒有一樣能取代人類對愛的需求。

十二月二日

與靈魂伴侶相遇

靈魂伴侶具備的特質，常是我們自己具備卻未能察覺的部分。唯有愛上對方，我們才能開始接納、喚醒沉潛在體內的相同特質，這種自我的發掘過程，將使我們的人生更臻圓熟。

當我們日臻圓融之後，就會更加篤定兩人的關係是前生注定。縱使伴侶並不完美，我們卻覺得對方是上天的恩賜。

十二月三日

打掃情緒

女人情緒低落之際，正是清理心緒的時候。若是缺乏這項疏導工作，女人會慢慢喪失愛，以及在愛中成長的能力，於是，她情緒擺盪的本質便會受到阻礙，久而久之，她也會變得麻木而欠缺熱情。

男人常以爲，如果女伴的事業非常成功，就不會有情緒的起伏，其實正好相反。女人在職場上得面對大量的壓力和情緒污染，所以，打掃情緒的需求只是延後而已。女人一穿上上班服，便能將自己從情緒的雲霄飛車上抽離，可是一回到家，她就會需要男伴溫柔的支持，這是所有女人需要且感激的。

雖然打掃情緒並不會影響工作表現，但低落的情緒絕對會影響她跟親人的溝通。

十二月四日

性與兩性關係

美好的性能使雙方想起初遇時的柔情蜜意，它不僅能刺激腦部和身體的化學反應，使我們充分享受對方的陪伴，同時也強化了我們對彼此的吸引，激發更高昂的活力，甚至有益健康，使我們更富朝氣，感知伴侶和世界的美好。

美好的性生活，是上帝賜給那些在生活中努力實踐愛的人的回饋。

十二月五日

目標與過程

女人一心煩，就很難放鬆下來達到高潮，此時，她最需要的是男伴的擁抱與溫情。當男伴能溫柔地擁著她，卻不求與她做愛，她反而能放鬆下來，回應男伴的需求。這對她來說是最棒的經驗，也跟男人高潮後的感覺其實非常相像。

了解女性對柔情的需求是非常重要的，否則男人不會懂得耐著性子，溫柔待她。女人對這種無關乎性、沒有特定目的的肉體碰觸，推崇的程度早已超乎男人的理解範圍。撫觸之於女人，就像性之於男人那般重要。

十二月六日

成功的付出與接受

男女會以非常奇妙的方式來互補：成功照料女伴，會使男人感到幸福；男伴的寵愛則使女人快樂。當然了，女人也很喜歡照顧自己的男人，不過她們更需要被疼。我從沒聽過女人說：「我的男件完全忽略我，不過我還是很喜歡爲他付出。」

改善溝通技巧後，男人可以學著用更有效的方式來支持女件。她的感激能督促他在每一階段付出更多。男人既不必做重大犧牲，也不會覺得受制於她。因爲女人的感激，是他們最渴望的愛與鼓勵。

十二月七日

男人與愛

男人達到目標後，心中的情緒也會跟著活起來，當他剛強的一面完全獲得發揮後，就會恢復柔情，表現各種情感。當他能滿足自己的夢想和女伴後，就能放輕鬆，享受更多的寧靜、愛與喜樂。

從性的角度來看，男人幫女伴達到高潮後，會覺得自己達成任務，而且女伴的感激和愛會讓他感覺收穫良多，兩人也能享受對方的陪伴與愛。性的愉悅，最能讓男人體會對女伴與自己的愛，同時信守對女方的忠貞。

十二月八日

愛能激勵男人

戀愛中的男人爲了討好女伴，會表現出自己最棒的一面。當他的心門大開時，他相信自己能做脫胎換骨的改變。因此，妳不妨給男人機會去證實自己，他就會盡力而爲，唯有當他自認無法辦到時，才會恢復舊有的自私。

戀愛中的男人對女伴的關心不下於自己。他會在突然間不再只爲自己做事了，而能出於至情去關懷別人。此時的他會將女伴的滿足視爲自己的快樂，爲了讓她開心，他可以忍受任何折磨。於是，種種掙扎都變得容易忍受了——因爲他有了更高的目標。

年輕男孩光爲自己做事就能得到滿足，可是等到長大成熟後，自我滿足就已經不再足夠。爲了體驗圓滿的感覺，他必須在生活中納入愛的元素。唯有學會以無私的方式去付出，男人才能擺脫自私的習慣。雖然他仍需要愛，但他最大的需求是去付出愛。

十二月九日

值得受人珍惜

兩性關係是一種持續收授與分享的過程。如果想要維繫成功的兩性關係，雙方就必須以珍愛自己、爲自己付出做爲基礎。此外，付出的能力也會直接影響我們接受的能力——除非一個人能得到支持，否則無法不斷付出。

關懷的態度使我們能敞開心懷，相信自己值得受人珍惜。因此，伴侶能否盡力回應並關注我們的需求，是非常重要的。

十二月十日

男人需要獨處

男人會透過行動去探觸自己的情緒，因此，當行爲受到認可與感激時，他便會覺得被愛，並報以更多的關切，但女人並不了解這點，因爲她是直接以談話來表達感情。

女人會從別人待她的方式去領會愛，因此，當她認爲對方了解她、肯聽她說話時，愛的感覺就會油然而生。當她的需求獲得認可與支持，她就會覺得被愛。

於是，女人把自己的需求硬套在男人身上，只要看到男伴不高興，就拚命想叫他開口，並覺得這是一種愛他的舉動。殊不知自己最該做的，是給他大量的空間獨處，等他平靜下來，再熱烈歡迎他歸隊。如果女人能了解男人對愛的感受，便能用男伴側重的方式，對他表達支持。

十二月十一日

熟能生巧

若想創造浪漫的感覺，男人就必須設法聆聽、回應女伴的需要，而女人則最好對男伴的貢獻表示感激。當然她也會有沒感覺的時候，就像男人有時也會對女伴的需求視若無睹，不過，若能覺察到這些基本的互動狀態，感情之路就不會走偏了。

其實，感情的維繫只會愈練愈順手。男人若預期女伴會感激自己的某些作爲，他就會做得更帶勁；當女人預期男伴會聆聽她說話，並體貼地回應時，她就會表示更多的感激與肯定。於是，當他犯錯、自私或偷懶時，女伴就比較願意去原諒他。

男人若預期女伴會感激自己的某些作爲，就會做得更帶勁。

浪漫的儀式需要用時間培養，女人若能不斷讚美男人的體己，他便會繼續爲她服務，展現自己最大的優點。缺乏女伴的鼓勵，男人也許又會走回頭路，只顧著專心賺大錢、做大事。男人若能爲女伴做事，就等於一再給她機會去體驗對他的愛。

十二月十二日　體諒之心

當我們千辛萬苦想去了解伴侶迥異的思緒與感覺之際，也會漸漸體悟到，對方在了解我們時有多麼困難。當我們覺得挫折、失望，不妨依據自己的經驗，想像一下對方的感受。唯有明白感情的培養對兩性都是一大挑戰，我們才能學著體諒對方。

沒有人是完美的，即使兩性的相處之道十分簡單，卻是知易行難。長期的改變需要時間來養成，當伴侶令你失望時，先別生氣，不妨給自己一點空間，也給對方一點喘息的機會，讓體諒之心促使你包容伴侶的極限與錯誤。

十二月十三日

女人付出較多

現代婦女自覺付出更多，因此也期望男人能報以等量的奉獻。此話雖然不假，卻另有新解。男人的付出或許的確比女人少，但卻不比過去的男人做得少。若能從雙方的角度去解讀這件事，不怨不尤，兩性才能攜手解決共有的問題。

想化解這項基本問題，就得先了解，其實問題的癥結不在於女人究竟多付出了多少，而在於她有哪些需求沒有得到滿足。姑且不管女人做了多少犧牲，如果兩人溝通關係良好，她仍會覺得更平衡、更有活力與愛。所以，唯有把重點放在了解女人的心聲，才是明智的作法，而不是一味去計較男人到底做了或沒做什麼。

女人若能體驗到良好的溝通與美滿的性生活，男人究竟幫忙了多少家事，就不再那麼重要了。

當男人懂得以新技巧來支持女伴，她才會更加心懷感激，努力表現友善，使浪漫與性愛之門為之大開。有了良好的溝通和固定美滿的性生活，女人也就不再那麼計較男人究竟能幫忙多少家事了。

諷刺的是，當女人眞心表達感激後，男人會更樂於幫忙家務，可是，這種改變需要時間，就像舉重者必須慢慢添加重量來增強肌肉一樣，男人也可以漸次改變自己。首先，他得改善溝通的方式，接著創造固定而美滿的性生活，最後再找尋驅力，督促自己多幫忙家事。

十二月十四日

十二種愛

人類種種複雜的情感需求，可以總歸為對愛的渴望。男女各有六項愛的需求，其重要性不分軒輊。男人的主要需求是伴侶的信任、接納、感激、尊崇、認可與鼓勵；女人的主要需求是男伴的關心、了解、尊重、投入、認可與保證，而且，這十二種愛具有相輔相成的功能。例如，當男人表達關心與了解時，女人自然會報以他最想要的信任與接納。同樣地，當女人表達信任後，男人自然也會更關心她。

只要了解這十二種愛，就不難了解我們的伴侶需要什麼了。

十二月十五日

前戲的重要性

由於女人憂心的事太多了，因此很容易受到環境的影響與干擾，尤其事情一旦與她直接有關，她會慌得更厲害。例如：當她應該放鬆享受時，卻會擔心某筆錢還沒繳，或想著家裡有沒有發生什麼事。

男人務請了解，女人非常在乎做愛的環境。浪漫的場景絕對能使愛情發酵，無論是舞動的燭火、芬芳的氣息、幽暗的燈光，還是柔和的音樂，都可以帶來驚人的效果。

十二月十六日

愛的表徵

女人需要愛的表徵，例如男人送花給女伴時，就是對她的認可。女人需要不時收到愛侶的花束，因爲對女人來說，花就是男人示愛的具體表徵，可惜男人怕女伴生膩，所以常常就不再買花了。

無論禮物厚薄，都能製造浪漫的情調。禮物使女人明瞭自己在男伴心中的獨特性，由於他對她特別禮遇，因此讓她感到安心。

小紙籤也是一種有效的示愛方式，你不必字字珠璣，也不必靈思泉湧，只要不斷寫下你最單純的感受就行了。例如：我愛妳；我想妳；妳是我生命的喜悅；只是想告訴妳，我很在乎妳。

十二月十七日

讓男人為妳服務

女人必須記住：自己是紅花，而男人是襯托自己的綠葉。別因爲男伴可以令自己快樂，就拚命爲他犧牲、討好他，反倒是應該讓他繼續取悅妳、對妳多獻殷勤才是。

任由男人爲妳小做犧牲，不僅能讓自己感覺受寵，更能讓他感受妳的與衆不同。當男人將愛化爲行動時，對愛的感覺必然更強烈。換句話說，放手讓男人爲妳服務，反而更能吸引住他。

男人在追求女人時，女方只要泰然自處，就足以吸引他了。他做得愈多，女方接受得愈多，他的興致也愈高昂。女人若不了解這點，就常會因爲給得太多、太急於討好他，而在不知不覺中減低他的興趣。男人若覺得自己得努力爭取，才能奪得佳人芳心，她的魅力也會大增。

十二月十八日

強悍的女人

女人若太具有男子氣概，最好的解決辦法，就是發展一段能讓她散發女性魅力的感情。然而，如果她整天跟男人一樣在職場上衝鋒陷陣，就必須刻意培養自己的女人味。對許多婦女而言，表現強悍的一面並不難，恢復女子的嬌態反而十分不易。

當女人回到家中，還沒轉換心情時，也許會想獨處，根本不想說話。她會比男人更需要自己的空間，因爲她需要解決問題，沒時間多費唇舌。她寧可一個人做事，而且還會覺得男伴不懂感激她對家裡的付出。

由於她男性的一面希望得到感謝、接納和信賴，所以也會想跟男伴一起爭功。其實這對兩人都沒有好處，就像男人跟女人爭著要對方聆聽自己一樣。每個女人都知道，如果男伴滔滔說個不停，希望她閉嘴聆聽，一定會令她倒足胃口。同理，女人若搶著居功，也會讓男伴興致全消。

與男伴爭功，對兩人都沒有好處。

女人若渴望獲得感激，就表示她的雄風在作祟。骨子裡，女人最想做的其實是提供協助，她需要一位合作、關心而支持她的伴侶。改善溝通是讓女人獲得支持、恢復溫柔的最快辦法。

專心溝通，女人才能轉換心情的跑道，不再想著解決問題的事，而能坦然分享。當她能放開襟懷，與人分享，女性的特質就會復甦，進而覺得自在滿足，不再渴求別人的感謝，並能轉而感激男方的陪伴。

若想避免跟男人爭功，女人應該設法從男伴身上尋找關懷、了解與尊重，這些愛的特質會使女人更顯嬌柔。當那些需求得到滿足、對男伴的感謝也與日俱增後，男人自然會回過頭來對她表示感激。在這段調適期間內，妳不妨跟其他女友相處，讓友人來滿足妳對被感謝的需要。

十二月十九日

因無知而犯錯

如果你不了解異性在乎什麼，就常會在無意間傷害伴侶。兩性若得不到自己需要的愛，便會很容易受傷。就像女人通常並不了解，自己說話的方式會傷到男人，即使她想表示體貼，卻仍會在無意中潑他滿頭冷水。

了解男人的主要需求後，就更能體察他不滿的原因了。

女人常因無知而犯錯，男人亦然。通常男人並不了解，其實自己的談話方式很不尊重女伴。也許他知道女伴生他的氣，但是，唯有釐清女人要些什麼，他才能更體貼、更尊重她的需求。

十二月二十日　患難相扶持

每一段感情都可能會因爲一方或雙方遭逢失業、家人的死亡或疾病、花費無度、負債、壓力、過勞等不幸，而沒有喘息的機會。在這些艱苦時期，最重要的是，雙方必須用關懷、認可的態度去進行溝通。

我們必須接納並了解，彼此都會有犯錯的時候，因此，若能學會以溝通來化解兩人之間的小摩擦，你將發現，在面對突如其來的重大挑戰時，雙方會更容易平安度過。

為了讓雙方各退一步，找出最適合彼此的解決方式，不妨趁兩人平心靜氣時，坐下來一起討論。你可以採用一些套好的說詞，在需要冷靜時，產生立即的效用。

有時最能避免爭執的辦法，就是一見苗頭不對，立刻避開，讓自己靜下心來，然後再回頭用更包容、更認可的態度進行溝通。

十二月二十一日

塞翁失馬，焉知非福

每場關係都是一份贈禮，它能提供我們機會，為尋找靈魂伴侶做好鋪路的工作。每次你盡力去愛對方，並抱持寬恕的態度分手時，下次挑選伴侶的眼光就會愈精準。通常良好的結束都能締造成功的開始。

每一段感情都能使你更接近目標。當感情告終時，最好能花點時間深入反省，然後再重新起步。當你能心懷感激時，就能再次出發。

即使離婚也能提高我們的識別力，我們若願意原諒伴侶和自己的錯，下一段關係將會更貼近理想。從正面的角度去解讀每一份感情，最後必能尋得美夢。

同樣的原則可以運用在所有的人際關係上，學會了寬恕與放下，我們的愛必能持續在所有人際關係中茁壯。

十二月二十二日　冬之愛 ★

在荒寒的冬季裡，萬物潛蟄，這是休養生息的時節，也是檢討感情問題的時候。痛苦的情緒在此時喧騰而出，我們需要做的是個人的省思，而不是仰賴伴侶來迎合自己的需求，在此自我治療的時段裡，男人需要潛回自己的洞穴中；女人則需潛落自己的情緒幽谷中。

想要在寒冬中維持愛的成長，就必須爲自己安排大量親友的支持。如此一來，當伴侶無力提供支援時，我們仍可以支持自己，並從別人身上求取援助。唯有自給自足，才能安度寒冬，讓春天的愛再度降臨。

有了沉潛時期的自我檢討和癒療，我們才能再次開啓心門，感受暖如春日的愛。

十二月二十三日　天助自助者

人們認爲，能否覓得靈魂伴侶，全靠因緣運氣，這是因爲他們常不了解事情是怎麼發生的。人生的好運當然得靠老天爺幫忙，但問題是，老天只會幫那些願意幫助自己的人。每天都有人剛巧找到靈魂伴侶，那是因爲他們讓自己出現在適切的時間和地點，奇蹟才會發生。

就像即使是熟透的果子，也不會自己掉到你嘴裡，我們還是得先找到它，摘下來，然後才能送進嘴中。因此，若想找到自己的靈魂伴侶，就得改變自己的習慣和作息，出現在適當的場合，以提高成功的機率。

同樣的道理也可以運用在婚姻中。也許我們深愛對方，卻任由日常作息扼殺熱情，不知如何表達。所以，不妨改變習慣和作息，到不同的地點，和其他人一起或單獨做點不一樣的事吧！

十二月二十四日

愛的禮物

解開愛情的迷霧，可說是此生最刺激的冒險——因爲你必須勇於擁抱自己的感情，坦然面對自己和他人。一旦你能對生命誠實，就能信任並享受自己的感情。透過練習，你可以學著隨心所欲，不會困頓或壓抑自己的任何情緒。

愛的能力是人類最大的福氣，所以別輕言浪擲，而是應該將此生的每一刻視爲付出與接受愛的機會，相信你將很快發現，人生不再是一種苦厄。

如果你知道如何發揮愛，愛就能散發力量，現在既然你已明白了，就致力讓愛在生命及世間發光吧，你將獲得無盡的回報。

十二月二十五日

分享生活

與人分享生活，是人類心靈的渴望。因此，若能下定決心，達成這項目標，我們就能發揮力量，在婚姻和人生路上獲致成功。

從心靈的角度來看，想結婚，是因爲靈魂想起了此生的神聖允諾，感受到神的旨意。因此，當我們全心實踐自己的承諾時，也等於服膺了上帝的意旨。

我們若能敞開心懷，人生所有片段就都產生了意義，信守愛的允諾，將伴侶視爲萬人之上，我們就能時時打開心門，在物質世界中，注入精神的意趣。有愛的人間，就是極樂世界。

十二月二十六日

請求支持的要訣

如果你無法從伴侶身上得到所需的支持，很可能是因爲你要求得太少，或方法不對。要求愛與支持，是感情成功的基礎。想要有所得，就得有所求。

要求男人支持妳的五項要訣如下：

1. 適當的時機：別要求他做他正想去做的事。例如，他想去倒垃圾，妳就別問：「你能幫忙倒垃圾嗎？」這樣他會覺得受命於妳，因此時機非常重要。還有，如果他專心在做一件事，也別期望他能立即回應妳的要求。

2. 和緩的態度：請牢記，要求不是命令。如果妳惡聲惡氣，不管措辭多麼婉轉，他都會覺得妳不知感謝，甚而可能因此拒絕妳。

3. 簡短：別說一大串理由說服他幫忙。解釋得愈多，他就抗拒得愈厲害，長篇的解釋只會讓他覺得，妳並不相信他肯支持妳，所以才會這麼苦苦相逼。

4. 直接：女人常以爲自己已經表達得很明白了，其實卻不然。女人需要支援時，也許會把問題提出來，卻不直接開口要求，以爲這樣男伴就應該曉得幫忙了。其實這些間接的要求會讓男人覺得她不懂感激。

5. 正確的措辭：女人要求協助時，最常犯的錯就是說錯話，不問男方「願不願」，而問他「能不能」。「能不能幫我倒垃圾？」是一種問話方式，而「願不願意幫我倒垃圾？」則是一種請求。對男人來說，「能不能幫我倒垃圾？」簡直有點侮辱的味道，他當然「能」倒垃圾，問題是他「願不願」！由於不高興，他很可能因此斷然拒絕妳。

所以，女人若能在要求男伴協助時，平心看待他的拒絕，下次他反而會更樂意幫忙。反之，假如妳默默犧牲自己的需求，不肯開口，他根本不會知道妳有多需要他，妳不問，他怎麼會知道？

十二月二十七日

愛與需求

付出能使人感到滿足；爲所愛的人付出則更感充實。我們若能敞開心懷，付出必能有所回收，因爲伴侶的喜悅成了我們的歡樂，生活的趣味也將因此大增。

當愛造成了痛苦，我們會感到惶惑；當愛變得艱辛疲憊，則表示我們對伴侶的要求太多。我們很容易把愛與需求混爲一談，以爲愈是依賴伴侶，就表示愈愛對方，但其實並非如此。

眞正的愛不是要求，而是開明與仁慈、自由與接納。

我們若過於依賴並苛求伴侶，即使看似深愛對方，卻仍稱不上是愛。愛不是要求，而是一種包容、接納與寬宥。也許我們深愛伴侶，然而，當我們的需求超乎他們的付出能力時，愛就失去了意義，因爲我們會耽溺在自己的需求裡。

因此，唯有檢討自己，才能將愛找回來。我們若能坦然愛對方，自然能坦誠要求對方滿足我們對感情的期許。主動找回愛的感覺，常能激勵伴侶付出更多。

十二月二十八日

平凡中的不凡

認識、表達並信守自己的允諾，是萌生不凡力量的種子。實踐自己的言論，是一股力量；支持我們最關心的人，是一股力量；正直地實踐自己的原則，又是一股力量；而最高的力量則是行動與感受，並以開明的心胸去思索。當我們能接納別人，便能依據人生的最高目標——愛——去行動了。

只有在言行合一的前提下，我們才能慢慢找到實踐夢想的力量。若能展現自己最好的一面，就能創造運氣，吸納自己需要的機會。當我們能按心靈的本意去行動、感受並思索時，就可以在日常生活中活出不凡的格局。

信守心靈的承諾，便能為生活挹注意義與目標，婚姻即是對那份承諾的認可；努力經營婚姻，更是對終極心靈目標的實踐。因此，唯有信守婚約，才能發揮內在的力量，讓愛永繫不墜。

十二月二十九日

讓他負責

女人喜歡由男人負責打理事務，不會把責任丟給她。這對女人來說非常重要，因爲大多女人都有肩負太多責任的傾向。她們的生活愈複雜、愈有壓力，人就愈煩亂疲累。

對女人而言，抒發壓力的最佳方式，就是跟一個自己所愛的人分享一切。如果她能與人談心，就會修正想法，不再覺得一切都得由自己負責。

一旦她覺得有人肯聽她說話，就可以放鬆心情，相信他的支持。最重要的是，只要她能在他面前傾吐心事，對她來說，這就是男伴最大的支持了。

十二月三十日

學習接受

「需求」是一種用信任的態度，公然要求男伴支援的作法，並相信他會盡力而爲，這種方式會讓男人樂於幫忙；「需索」則是不計手段地要求支援，但這只會讓男人卻步，覺得自己被占便宜。

女人不僅不確定是否該向別人表達自己的需求，更討厭那種失望或被遺棄的感覺。對女人來說，依賴一個人、然後又被他忽略或拋棄，是很難接受的一件事，因此她會覺得，需要別人會使自己被置於非常不利的地位。

被忽略或失望的感覺往往帶來更大的傷害，因爲這會讓她覺得自己非常不值。

女人若明瞭自己值得珍愛，才能坦然接納男人的付出。當她在婚姻中犧牲十年後，才發現自己應該得到更多時，她常會封閉自己，不想再給對方機會，「我爲你付出那麼多，你都視而不見，我給過你機會，我不能再相信你了，我太累了，已經沒有力氣再給，也不想再受你傷害」。

通常，當一方有所改善後，另一個人也會跟著改變。當伴侶做了正面的修正，也請妳相信他。改變需要受到鼓勵，不是測試，別讓過去的包袱或不信任趕走男伴，也別排斥他的正面改變，這樣妳才能像磁石般，引發出妳想要的特質。

生命中有些美好的巧合是可以預期的。只有提出問題，才可能聽到答案；當我們能坦然接受，我們的需求才會受到注意；當女人準備接受時，男人也才能開始付出。

十二月三十一日

真愛不渝

即使找到了逾恆的眞愛，也不見得能無時無刻活在愛裡。世事皆有循環輪替，夜晚接續白晝，潮汐升漲退落，而繁華，終也有落盡的時候。同樣地，心懷既有開敞，也會有封閉之時。婚姻的許諾，使我們能再次開啓自己的心扉。每次我們據此行動及因應，就能再度打開心門，回歸愛的最高目標。

心得筆記

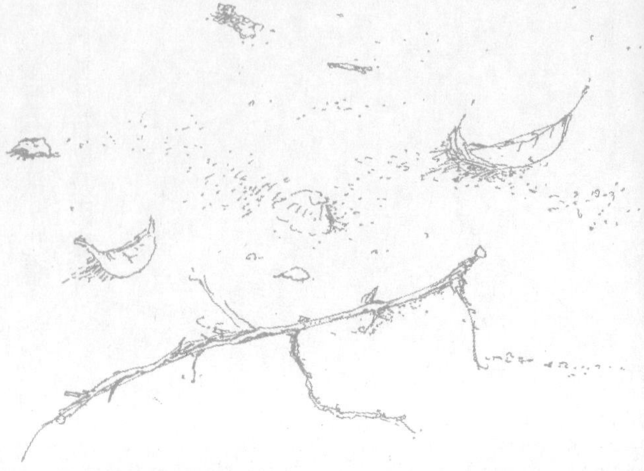

心得筆記

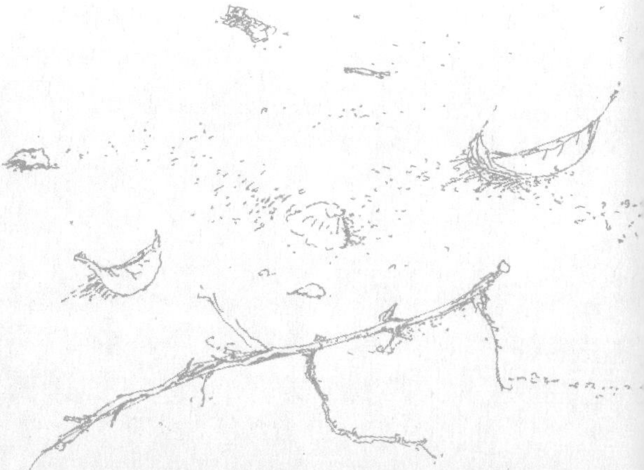

心得筆記

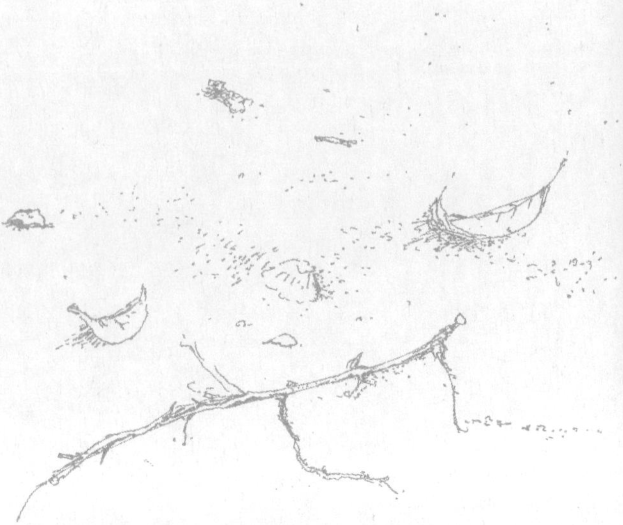

心得筆記

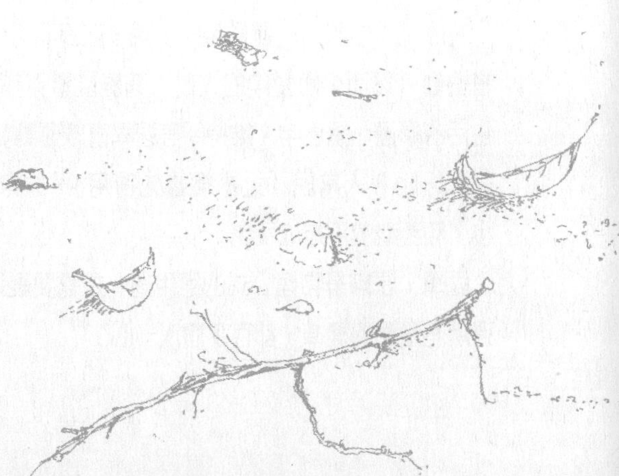

愛情中，有物理學的原理

為什麼辦公室戀情常發生？

近水樓台先得月？

全因為萬有引力定律！

愛情物理學——幸福蜜度的測量公式

彭蕙仙　著

■定價 260元　■書號 BP181

愛情，是千古不褪流行的話題，但是，發現愛情現象與物理定律之間，竟然存在著對應關係的，彭蕙仙應是第一人。

就好比「牛頓第一運動定律」說，在沒有外力的情況下，靜者恆靜、動者恆動。然而，戀愛中的人們，有誰能避免無處不在的「外力」，在日常生活的摩擦、誘惑中，維持「等速率直線運動」呢？

又好比，人常說「近水樓臺先得月」，原來是因為兩物體間引力的大小，和距離的平方成反比！

愛情，原來是物理公式的應用題，是需要經過動腦、動手計算的。只不過所有量測的標準，都存乎戀人一心。

我的心，希望你看得清！

- 女人最討厭和喜歡聽男人說什麼
- 如何避免完全正常的女人
  變成歇斯底里的瘋婆子
- 讓女人「性」致高昂與
  「性」趣缺缺的二十大因素

男人都該知道的女人祕密

芭芭拉·安吉麗思　著　顏湘如　譯

■定價 320元　■書號 BP158A

暢銷書《活在當下》作者兼知名人類關係專家芭芭拉·安吉麗思博士，寫成這本無論男人或女人都引頸期盼的書。本書承襲了作者一貫坦率、犀利與實際的個人風格，為兩性解釋女人的本質，化解男女戰爭的一切導火線。

女性讀者藉書中的真知灼見更了解自己之餘，更適合與心愛的男人一同分享。幫助男人明白女人對愛、溝通、性與親密感的想法，讓男人知道如何珍愛與了解他們生命中的女人。

如果你是男人：本書能讓你學會如何成為女人的白馬王子。

如果妳是女人：本書能讓妳了解自己。將書送給心愛的男人，便能獲得夢寐以求的親密關係。

讀她的眞心

她是張忠謀的妻子
她是現代婦女基金會的義工
她是有獨特魅力的女人
她，是張淑芬

我的成長——真心

張淑芬 著

■定價 280元 ■書號 BP140

本書作者張淑芬，五十七歲時與台灣半導體教父張忠謀結婚，成為當時的熱門新聞，帶給許多婦女很大的鼓勵，發現追求幸福其實不必受到年齡、青春的限制。這樣的聲音也讓張淑芬起心動念，希望用自己的經歷與體會，幫助其他的人，也因此有了這本書的出版。

作者依據自己在人生各個面向的體悟，提出建言，內容包括感情、親子、修行、健康、生命成長、社會關懷等等。沒有理論，也不唱高調，出自生命歷程、發自內心的忠告，顯得特別真實。

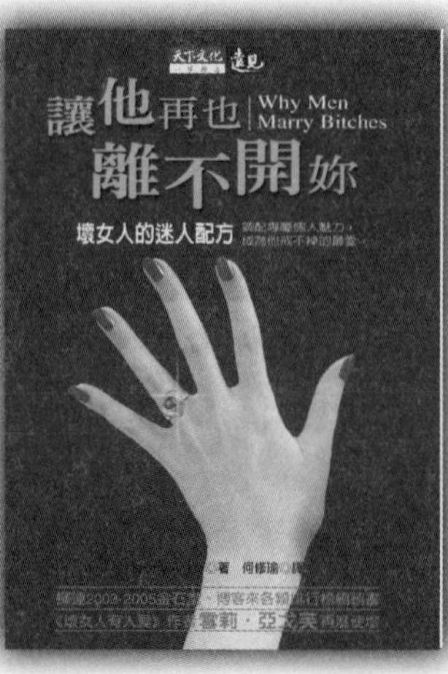

女人不壞
男人也不愛

過好妳的人生、掌握妳的目標、展現出妳的毅力，才能使妳得到愛。

讓他再也離不開妳

雪莉・亞戈芙　著　何修瑜　譯

■定價 260元　■書號 BP225

妳施展奪命連環扣而他的手機老是收訊不良嗎？

妳「無意」間留下牙刷、梳子在他住處，而他開始抓狂嗎？

妳看到鑽石廣告眼睛便閃閃發亮，而他卻大大打了個呵欠嗎？

以溺愛的方式表現出「妳是多麼在意他」，通常正使他認定妳不是個值得追求的對象。鞠躬盡瘁不會使妳得到愛，也不會使妳獲得妳所渴望的關注。

這世界就是這樣，乖乖女上廳堂下廚房進臥房，男人卻愛理不理；壞女人上餐廳下咖啡廳進辦公廳，生活豐富精采，堅持自我一點折扣也不打，男人反而當成寶！

女人要迷人，請你盡情使壞！

國家圖書館出版品預行編目資料

男人來自火星，女人來自金星：365日愛的叮嚀
／約翰・葛瑞(John Gray)著；柯清心譯. --
第二版.--臺北市：天下遠見，2009.07
面；　公分. --（心理勵志；BP104A）
譯自：Men are from Mars, Women are from Venus book of days : 365 inspirations to enrich your relationships
ISBN 978-986-216-359-7（平裝）

1. 婚姻　2. 兩性溝通　3. 人際關係

544.3　　　98010064

心理勵志 104A

男人來自火星，女人來自金星

365日愛的叮嚀

作　　者／約翰・葛瑞
譯　　者／柯清心
系列主編／許耀雲
責任編輯／林家瑜、李麗玲
封面設計／江孟達（特約）
內頁設計／李錦鳳

出版者／天下遠見出版股份有限公司
創辦人／高希均、王力行
遠見・天下文化・事業群　董事長／高希均
事業群發行人／CEO／王力行
出版事業部總編輯／許耀雲
版權暨國際合作開發總監／張茂芸
法律顧問／理律法律事務所陳長文律師　　著作權顧問／魏啓翔律師
社　址／台北市104松江路93巷1號2樓
讀者服務專線／(02)2662-0012
傳　真／(02)2662-0007；(02)2662-0009
電子信箱／cwpc@cwgv.com.tw
直接郵撥帳號／1326703-6號　天下遠見出版股份有限公司

電腦排版／東豪印刷事業有限公司
製版廠／東豪印刷事業有限公司
印刷廠／祥峰印刷事業有限公司
裝訂廠／政春裝訂實業有限公司
登記證／局版台業字第2517號
總經銷／大和書報圖書股份有限公司　電話／（02）8990-2588
出版日期／2000年7月20日第一版
2010年5月15日第二版第4次印行
定價／350元
原著書名／Men are from Mars, Women are from Venus Book of Days-365 Inspiration to Enrich Your Relationships
by John Gray, Ph. D.

ISBN：978-986-216-359-7
書號：BP104A

Believing in Reading

相信閱讀